Spiekeroog

Die Nordseeinsel

EDITION TEMMEN

Land & Meer

Geschichte

Spiekeroog

Ein illustriertes Reisehandbuch

von Jan Schröter

EDITION TEMMEN

Sightseeing

Landgänge

Grüne Insel Spiekeroog

Eingereiht in der Kette der Ostfriesischen Inseln liegt das 17,4 Quadratkilometer große Spiekeroog vor der Nordseeküste. Wie ihre Nachbarn leben die knapp 700 Spiekerooger überwiegend von den Erträgen des Fremdenverkehrs, der sich aus den Reizen des gesunden **Klimas**, des einzigartigen Wattenmeers und der inselbedingten Ruhe ergibt. Und doch ist es hier anders als auf den Nachbarinseln.

Der Unterschied ist schon bei einem ersten **Ortsrundgang** deutlich sichtbar. Geduckte, heimelige Insulanerhäuser prägen das Ortsbild, und es passt gut, dass ausgerechnet auf Spiekeroog die älteste noch erhaltene Kirche – Baujahr 1696 – der Ostfriesischen Inseln steht. Bei der Traditionspflege macht man hier nur Kompromisse, wenn es wirklich nicht anders geht, wie etwa 1981 beim Bau des aufgrund stetig

wachsender Besucherzahlen nötig gewordenen neuen Hafens. Dabei sind die Spiekerooger mit ihrem Bewusstsein für lange Zeiträume dem hektischen Trend oft weit voraus. 126 Jahre vor der Einführung des Nationalparks legten sie bereits die Dünenwäldchen mit den knorrigen Schwarzkiefern an und hegten sie bis heute, was auf den baumarmen **Ostfrieseninseln** ohne Beispiel ist – schließlich benötigte man zu früheren Zeiten jedes Stück Holz zum Kochen, Heizen und Bauen. Und die Entscheidung, Kraftfahrzeuge auf **Spiekeroog** gar nicht erst zuzulassen, spricht zweifelsohne für die bemerkenswerte Weitsicht der Insulaner.

Nicht nur auf dem Rest der Insel, sondern sogar im Ort selbst dominiert das Grün der Bäume und vieler liebevoll angelegter Gärten. Der andernorts zelebrierte Betonboom war zu flüchtig, um Spiekerooger Traditionen zu brechen – zum Segen der Einheimischen und der über 90.000 Gäste pro Jahr, welche die kleine, grüne Insel zu Recht großartig finden.

Land & Meer

Urlaub ohne Stau

Anreise

Spiekeroog hat einschließlich der Dünen und Strände eine Gesamtfläche von gerade 17,4 Quadratkilometern und über 90.000 Gäste pro Jahr. Dass ein konsequentes **Kraftfahrzeugverbot** angesichts dieser Fakten eine zwingende Maßnahme ist, dürfte selbst fanatischen Automobilisten einleuchten - und die verbringen in aller Regel ihren Urlaub nicht auf der Insel.

Auf die Anreise im eigenen PKW muss dennoch nicht verzichtet werden. Gäste, die Spiekeroog nur ausflugshalber einige Stunden besuchen wollen, finden Tagesparkplätze direkt am Hafen Neuharlingersiel. Wer länger bleibt, gibt den Wagen bei einer der beiden Großgaragen in Neuharlingersiel ab. Diese Garagen sind ganzjährig jeweils ab einer Stunde vor der Abfahrt und einer halben Stunde nach Ankunft einer fahrplanmäßigen Spiekeroog-Fähre geöffnet. Die **Garagen** liegen etwa 10 Minuten Fußweg vom Anleger entfernt. Für die Fahrzeugführer besteht zwischen dem Schiffsanleger und den Garagen ein Linienbusverkehr, der allerdings nicht der Gepäckbeförderung dient. Der letzte Bus verlässt den Garagenhof ca. 10 Minuten vor Abfahrt der Fähre.

Die Bahnanreise führt bis Esens oder Norden. Von beiden Orten besteht eine direkte Busverbindung nach Neuharlingersiel. Im Rahmen des Haus-Haus-Gepäckservices der Bahn lässt sich das Gepäckproblem bequem lösen.

Die Fahrkarten für die Fähre sind vor Fahrtantritt am Fahrkartenschalter Hafen Neuharlingersiel (oder Hafen Spiekeroog) zu erwerben. Aus Sicherheitsgründen darf nur leichtes Handgepäck mit auf die Fähre genommen werden. Das unhandliche Reisegepäck muss bei **Reiseantritt** aufgegeben werden, wobei zwei Gepäckstücke pro Person frei sind.

Mobil auf der Insel

Den Gepäcktransport vom Hafen Spiekeroog bis zur Ferienunterkunft erledigt die Spedition Oltmanns, falls man den Gepäckschein bei der Ankunft am Fahrkartenschalter abgibt. Diese Firma sorgt auf Wunsch auch bei der Rückreise für den Gepäcktransfer von der Urlaubsadresse zum Hafen.

Ungern gesehenes Gepäck sind Fahrräder, auch wenn diese sonst als umweltfreundliches Verkehrsmittel gelten. Tatsache ist, dass auf einer derart kleinen Insel jegliche Verkehrsmittel eigentlich unnötig sind. Mehr noch, alles was sich hier schneller bewegt als ein Fußgän-

ger, stört empfindlich. Für die im Urlaub zu erledigenden Besorgungen braucht man hier kein Fahrrad. Und wer in den Ferien endlich einmal wieder bis zur Erschöpfung in die Pedalen treten will, hat mit dem falschen Dampfer die falsche Insel angelaufen. Um etwas zu transportieren – Getränkekisten, größere Einkäufe oder erschöpfte **Kleinkinder** –, leiht man sich am besten einen gemütlichen Bollerwagen. Für Gäste mit Handicap gibt es das »Inselmobil«, ein Elektrotaxi für bis zu drei Personen, für alle Fahrten auf der Insel bestellbar unter Tel. 0152-02184834. Und damit auch **Rollstuhlfahrer** ungehindert an und auf den Strand kommen, gibt es die Möglichkeit, geländegängige Strandrollstühle mit extrabreiter Off-Road-Bereifung zu mieten (Tel. 04976-9193156).

Der Spiekerooger Inselrhythmus pulsiert im Schritttempo. Und das ist exakt die angemessene Geschwindigkeit für einen erholsamen Urlaub.

- Hafen Neuharlingersiel, Tel. 04974/214
- Fahrplanauskünfte für Fähre, Bahn und Bus: Hafen Spiekeroog, Tel. 04976/9193-133, www.spiekeroog.de
- Gepäckspedition auf Spiekeroog: Spedition Oltmanns, Tel. 04976/215
- Großgaragen Spiekeroog-Garagen GmbH Neuharlingersiel, Cliener Straat 1 und 16, 26427 Neuharlingersiel, Tel. 04974/284 und 386, Fax 04974/1286, www.spiekeroog-garagen.eu

Bollerwagenverleih:

- Strandexpress, Noorderpad 3, Tel. 04976/912020
- Boller Blitz, Wüppsmoor 2, Tel. 04976/590

Spiekeroogs saubere Umwelt

Zum Erfolg einer Kur oder eines Ferienaufenthaltes gehört das Naturerlebnis. Inselbewohner sind meist – und nicht erst in jüngerer Zeit – ausgesprochen sensibel für umweltbedingte Veränderungen. Schließlich war es für sie stets eine Existenzfrage, die Natur zu beobachten. Fluthöhen, Dünenbefestigungen, Fischzüge galt es richtig einzuschätzen. Heute, da die Stütze der Inselwirtschaft im Fremdenverkehr liegt, ist der Erhalt intakter Umwelt besonders problematisch.

Die Spiekerooger bemühen sich um die Ausschöpfung aller umweltschonenden Möglichkeiten. Das Kraftfahrzeugverbot ist eine Maßnahme, aber auch die Vermeidung von unnötigem Müll gehört dazu. Plastikgeschirr, Einmalbestecke und Getränkedosen sind geächtet. Die Kläranlage befindet sich auf dem neuesten Stand der Technik. Selbst der Klärschlamm wird nach dem Trocknen zu Deponien auf das Festland gebracht – ausgeschlossen also, um es mit Heinz Erhardt zu sagen, »beim Baden stets auf alte Bekannte zu stoßen«.

An alle Spiekeroogbesucher richtet sich der Appell, nach Möglichkeit auf umweltbelastende Produkte zu verzichten und naturschädigende Artikel wie Weichspüler, Luftverbesserer und Ähnliches gar nicht erst mit auf die Insel zu nehmen.

➢ Zusätzliche Wellnessangebote unterstützen die Kur

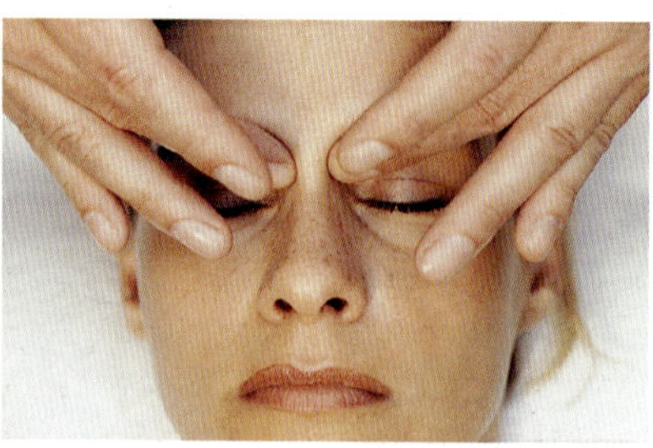

Spiekeroog gesundheitshalber

Der Gedanke, eine Reise an die See einzig aus Gründen der Gesundheit zu unternehmen, kam um die Mitte des 18. Jahrhunderts in England auf. 1750 schrieb der Arzt **Richard Russel** eine wissenschaftliche Abhandlung über die »Thalassotherapie« (abgeleitet aus den griechischen Begriffen für »Meer« und »Behandlung«). Im 19. Jahrhundert griffen auch in Deutschland viele Mediziner den Seebadgedanken auf. Auf Spiekeroog unternahm man ab 1840 erste Schritte zur Etablierung eines Heilbades.

Jeder Atemzug ist Medizin

Gesund ist vor allem die salz- und jodhaltige **Seeluft**, die annähernd unbelastet von Abgasen jeglicher

➢ Blick über die Dünen im Osten der Insel, im Vordergrund blüht eine Dünenrose

Art und dazu fast ständig von Wind bewegt ist. Das saubere Meerwasser und die durch die Weite des Horizonts intensiv nutzbare UV-Strahlung sind weitere gesundheitsfördernde Faktoren. Die unmittelbare Meeresnähe sorgt für konstante Luftfeuchtigkeit. Bedingt durch die Auswirkungen des Golfstroms sowie die wärmespeichernden Eigenschaften des Wassers verspäten sich Frühling und Herbst um etwa drei Wochen. Extreme Temperaturschwankungen kommen unter diesen Voraussetzungen kaum zustande.

Die **Klimaveränderung** registriert der Inselgast sehr schnell. Die Aktivierung des Stoffwechsels äußert sich während der ersten Aufenthaltstage meist durch eine leichte Müdigkeit des Körpers. Bald jedoch bestätigt eine verbesserte Konstitution den einsetzenden Erholungseffekt.

Das reichhaltige Spiekerooger Kurangebot lässt sich für alle angebotenen **Heilanzeigen** ganzjährig Erfolg versprechend wahrnehmen. Für spezielle Beschwerden versprechen jedoch bestimmte Jahreszeiten gezielt Linderung. Das Frühjahr ist mit gleichmäßiger und intensiver Sonnenbestrahlung besonders für die Bekämpfung von Erkältungen und chronischen Atemwegserkrankungen geeignet. Im Sommer therapiert man optimal Haut- und Atemwegsbeschwerden. Zur Behandlung von Herz- und Kreislaufbeschwerden eignet sich der Herbst hervorragend, der Winter bietet ideale Bedingungen zum Auskurieren fast aller Kinderkrankheiten.

Bei folgenden Krankheiten verspricht eine **Spiekeroog-Kur** Aussicht auf Besserung und Heilung:

- Erkrankungen der Atemwege wie unspezifische Erkrankungen der oberen und unteren Luftwege, z.B. chronische Katarrhe der Nase, der Nebenhöhlen, des Kehlkopfes, chronische Bronchitis, Lungenemphysem.
- Vegetative Störungen wie Herz- und Kreislaufstörungen, Schlaflosigkeit, körperliche und seelische Erschöpfungszustände.
- Allergische Erkrankungen wie z.B. Asthma bronchiale, Heuschnupfen, chronische allergische Ekzeme.
- Erkrankungen des rheumatischen Formenkreises wie Gelenkverschleiß, Verschleiß im Bereich der Wirbelsäule.
- Erkrankungen und Entwicklungsstörungen im Kindesalter wie Bindegewebs- und Haltungsschwächen, körperliche und seelische Reifestörungen.
- Hormonelle und Stoffwechselstörungen wie Unterfunktion der Schilddrüse und der Geschlechtsdrüsen, Fettsucht, Diabetes mellitus.
- Chronische Hautleiden wie Neurodermitis, Schuppenflechte, Akne, Ekzeme.
- Frauenkrankheiten wie ovarielle Insuffizienz, chronische Entzündungen, vegetative und klimakterische Beschwerden.
- Rekonvaleszenz nach schweren Operationen und Erkrankungen.
- Adipositas, insbesondere bei Kindern.

So gesund das **Reizklima** an der Nordsee in der Regel auch ist, gibt es doch einige Krankheiten, die einen Aufenthalt auf Spiekeroog nicht sinnvoll erscheinen lassen. Eine solche Gegenanzeige besteht bei dekompensierten Herz- und Kreislauferkrankungen, aktiver Lungentuberkulose, akuten rheumatischen Erkrankungen, entzündlichen Erkrankungen der Nieren- und Harnwege, hochgradigem Bluthochdruck, starker Überfunktion der Schilddrüse sowie akuten Nerven- und Geisteskrankheiten.

Wie gesagt: Der Aufenthalt auf Spiekeroog ist bereits ein Kurangebot an sich. Wer bei einem Spaziergang im Bereich der **Brandungszone** die aerosolhaltige Luft einatmet, barfuß durch den Schlick watet und bewusst die Ruhe genießt, hat schon viel für seine Gesundheit getan. Das bedeutet jedoch beileibe nicht, dass sich das Spiekerooger Kurangebot auf die natürlich vorhandenen Gegebenheiten reduziert. Neben ortsgebundenen Heilmitteln wie den Spiekerooger Naturschlickpackungen und -bädern, Meerwasserbädern und Meerwasserinhalationen erhält man Heil- und Unterwassermassa-

➢ Ruhe und Entspannung findet man im Kurpark

gen. **Therapeutische Maßnahmen** wie Heißluftbehandlungen, Krankengymnastik, Atemtherapie, Kneipp'sche Anwendungen, Kryotherapie, Thalasso, Eisbehandlungen, Inhalationen und Drainagen unterstützen die Kur.

Die Wege zur Kur

Zu kurz sollte eine Kur nicht bemessen sein. Nachhaltiger Erfolg stellt sich erst ab einem Mindestaufenthalt von drei Wochen ein. Speziell bei **Kinderkuren** sollten die Betroffenen eher sechs Wochen verweilen, um langfristige Linderung ihrer spezifischen Leiden zu erzielen.

Bei einem längeren Inselaufenthalt stellt sich zwangsläufig die Frage nach der Finanzierung. Natürlich darf man eine Kur auch aus eigener Tasche bezahlen. Zwei Kurvarianten werden jedoch von den **Krankenkassen** gefördert: die stationäre und die ambulante Kur.

Die ambulante Kur

Um eine sogenannte »ambulante«, also nicht mit einem Klinikaufenthalt verbundene **Badekur** vorzunehmen und den größten Teil der damit verbundenen Kosten von der Krankenkasse erstattet zu bekommen, muss die Notwendigkeit dieser Maßnahme von einem Arzt bestätigt werden. Nach der Verschreibung holt man die Genehmigung der Krankenkasse ein und bucht im Falle der Bestätigung selbstständig in freier Wahl eine Unterkunft auf Spiekeroog.

Weil die Kasse meist nur einen (je nach Versicherung unterschiedlichen) Teil der Kur- und Behandlungskosten trägt, muss man in der Regel schon etwas dazuzahlen. Wichtig ist, dass man bei Antritt der Kur eine Kostenübernahmebescheinigung der Krankenkasse vorlegen kann. Die Kosten der Kuranwendungen werden dann direkt mit der Kasse abgerechnet. Liegt die Bescheinigung bei Kurantritt nicht vor, müssen die Anwendungen aus eigenen Mitteln vorfinanziert werden!

Erst nach Buchung der Unterkunft (bei der Vermittlung helfen Kurverwaltung oder Zimmernachweis, s.a. Reiseinformationen von A–Z) erfolgt die Anreise. Die Kur selbst beginnt immer mit dem Besuch eines der zugelassenen **Badeärzte**. Um Wartezeiten vor Ort zu vermeiden, ist es günstig, schon einige Tage vor

der Reise einen Termin zu vereinbaren. Der Badearzt legt dann die im jeweiligen Fall nötigen Therapien und Anwendungen fest.

Die Kurtaxe

Fremdenverkehr bringt einer Gemeinde Geld, aber er kostet auch einiges. Die Erhebung einer Kurtaxe ist das übliche Mittel, den Aufwand für Erneuerung und Unterhaltung der Fremdenverkehrseinrichtungen zu decken. Dazu gehören auch dem Gast längst selbstverständlich gewordene Dienstleistungen wie der Einsatz von Rettungsschwimmern am bewachten Badestrand.

Als weitere Gegenleistung für den Kurbeitrag erhält der Gast eine Kurkarte, deren Besitz vielerlei Vergünstigungen gewährt. Sie bietet freien Eintritt bei den Kurkonzerten, bei Kinderveranstaltungen, zum Strandsport und anderen Freizeitangeboten. Ermäßigte Eintrittspreise verschafft die Kurkarte beim Besuch mancher kostenpflichtiger Sonderveranstaltungen.

Die **Kurbeitragspflicht** beginnt unmittelbar mit der Ankunft auf Spiekeroog. Gleichzeitig beginnt natürlich auch die Möglichkeit, die damit verbundenen Vergünstigungen wahrzunehmen.

Die Höhe der Kurtaxe unterliegt einer jahreszeitbedingten Staffelung. Die Zeit vom 1. November bis Ende Februar ist beitragsfrei. Als weitere Zeitintervalle gelten die Frühjahrs- oder Herbstsaison (1.3.-31.5. oder 16.9.-31.10.) sowie die Hauptsaison (1.6.-15.9.). So zahlen pro Tag, der jeweiligen Saison entsprechend, Erwachsene 1,00 €/2,80 €, Kinder 0,40 €/1,20 €. Für Kinder bis zum Alter von fünf Jahren sowie für jede fünfte und weitere Person einer Familie muss kein Kurbeitrag entrichtet werden. Die Jahreskurkarte kostet für Erwachsene 70 €, für Kinder und Jugendliche 30 €.

Ein kleines Stück Badegeschichte

von Jürgen Schulz

Er ist uns heute unentbehrlich, der Strandkorb, der in bunten Farben unsere Küsten ziert. **Strandkörbe** sind kleine Fluchtburgen für die Sonnenanbeter vor den intensiven Strahlen der Sonne, man kuschelt sich genussvoll in den Schatten, nutzt ihn kunstvoll verhängt mit Badetüchern als Miniatur-Umkleidekabine oder benötigt ihn als erhöhte Aussichtstribüne auf das, was mehr oder weniger verlockend durch den Sand promeniert.

In früheren Jahren baute man als zusätzlichen Hinweis auf Besitzansprüche noch eine **Strandburg** um die geflochtene Behausung, verzierte sie mit Schriftzügen aus Hölzchen und Muscheln, stellte einen Mast in die Mitte und überspannte das Ganze mit fähnchengeschmückten Leinen. Heute hat der **Küstenschutz** berechtigte Einwände gegen Strandburgen, und zum Aufbau des Fähnchenmastes sind wir zu bequem. Aber so selbstverständlich ist der Strandkorb an unseren Küsten nicht immer gewesen.

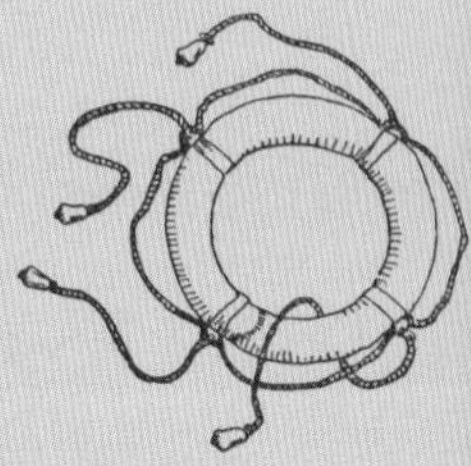

Wir verdanken dieses »Möbel« dem Rheumatismus einer älteren Dame, die 1882 in **Warnemünde** Strandfreuden genießen wollte, ohne ihr Leiden durch den kühlen Seewind zu verschlimmern. Deshalb suchte sie den Korbmachermeister **Wilhelm Bartelmann** in Rostock auf und bat ihn um eine windgeschützte Sitzgelegenheit, die diesen Ansprüchen genüge.

Der Mann mag über die ungewöhnliche Kundin den Kopf geschüttelt haben, aber er ließ sich etwas einfallen. Aus Weiden, Rohr und Markisenstoff bastelte der findige Knobler eine Art **Einsitzer**, der mehr einem Wäschekorb als einem Strandmöbel glich, ohne zu ahnen, dass ihn diese Kreation berühmt machen würde.

Der Bartelmannkorb hatte später viele »Nachkommen«. So wurde er zunächst zum Zweisitzer, erhielt ein Tischchen und eine zusätzliche Markise, ließ sich als Liegesitz zurückklappen und soll sogar mit einem Drehgestell versehen worden sein, mit dem der wirbelnde Sand allerdings schnell fertig wurde.

Auch in anderer Hinsicht war der Strandkorb eine umwälzende Erfindung. Die **Moralvorstellungen** des 18. und 19. Jahrhunderts duldeten es durchaus nicht, den leichter bekleideten menschlichen Körper der Öffentlichkeit zu präsentieren. Für dieses Problem brauchte man Lösungen!

Da wurden beispielsweise Schaluppen im Flachwasser verankert, die zur Seeseite hin das feuchte Vergnügen ermöglichten. Sogar Holzkästen wurden von den Schiffen ins Wasser gelassen, um als **Freibadewannen** zu dienen. Wurde die See allerdings plötzlich stürmischer, konnte man in einem solchen Gebilde auch in Seenot geraten. Da waren die hochrädrigen **Badekarren** doch schon ein bedeutender Fortschritt. Auf Spiekeroog von kräftigen Frauen (Badewärterinnen) ins Wasser geschoben, dienten sie nicht nur als gesicherter Aufenthalt, sie waren auch Umkleidekabine und Startplatz in die wogende See.

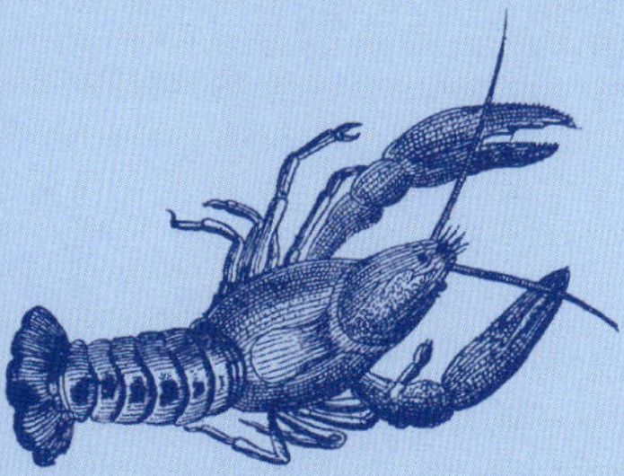

Aus diesen mobilen Gebilden dürfte sich etwa um 1825 das **Badefloß** entwickelt haben, dem wir dann endlich die ersten festen **Badeanstalten** verdanken, die allerdings durch massive Bohlenwände oder eine größere räumliche Trennung Männlein und Weiblein streng voneinander schieden. Badeorte, die sich dann später neben dem **Damen- und Herrenbad** ein Familienbad leisteten, galten schon als ungewöhnlich freizügig, wenn nicht gar anrüchig ...

Sport und Strandleben

Ob bei Sonne oder Wolken: An den langen Stränden spielt sich für die meisten **Spiekeroog-Urlauber** ein Großteil ihres Urlaubs ab. Während der eine lieber im Strandkorb faulenzt oder gemütlich schlendernd Muscheln sammelt, spürt manch anderer einen ausgeprägteren Bewegungsdrang. Diesem Bedürfnis kann er auf Spiekeroog in vielfacher Form nachgeben, denn Angebote für unterschiedliche Sportarten gibt es reichlich, und nicht nur am Strand. Adressen, Telefon- und Webkontakte der diversen Anbieter finden Sie im Kapitel »Reiseinformationen von A-Z«.

Angeln

Außerhalb des Hauptbadestrands ist das Angeln auf Spiekeroog überall erlaubt.

Baden

Am Badestrand kann man im abgegrenzten Bereich während der offiziellen Badezeiten unter Aufsicht der DLRG planschen. Da die Strömungs- und Tiefenverhältnisse nicht erkennbar sind, ist das Baden an anderer Stelle gefährlich. Badezeiten- und Tidenkalender bekommt man in der Kurverwaltung. Wenn es draußen mal ungemütlich ist, steht im Inselbad wunderbar warmes (30° C) Nordseewasser zur Verfügung. Hier werden auch Wassergymnastik und Schwimmkurse angeboten.

Boßeln

Den ostfriesischen Nationalsport, bei dem auf der Straße mit eineKugel geworfen wird, kann man mit dem Sport- und Spielteam Spiekeroogs kennen- und spielen lernen. Auch der örtliche Boßelverein steht lernwilligen Gästen gern mit Rat und Tat zur Verfügung. Die Telefonnummer bekommt man bei der Kurverwaltung.

Drachen

Am Hauptbadestrand, am Strandabschnitt Damenpad und im Umkreis von 300 Metern um den Hubschrauberlandeplatz sind Drachen verboten. Um verstärkte Rücksicht bittet man auch in publikumsintensiven Bereichen.

➢ Wassergymnastik im Inselbad

Minigolf

Beim Kinderspielhaus »Trockendock« gibt es eine Minigolfanlage. Dort kann auch **Freischach** gespielt werden.

Reiten

Auch auf dem Rücken der Pferde kann man sich die Insel erschließen: Unterricht für Anfänger und Fortgeschrittene (in der Reithalle oder auf dem Reitplatz) oder geführte Ausritte bietet der Reitstall Petschat an. Ausritte und Kurse auf Islandpferden kann man beim Islandhof buchen. Das Reiten ist jedoch nur auf den besonders gekennzeichneten Wegen und unter Führung möglich. Auf den Wattwiesen und am Hauptbadestrand darf nicht geritten werden.

Schlagball

Diese heutzutage kaum noch verbreitete Ballsportart hat auf Spiekeroog Tradition. Höhepunkt der Saison ist das Schlagball-/Volleyballturnier zwischen Spiekeroog und Langeoog, das im jährlichen Wechsel auf einer der beiden Inseln ausgetragen wird: In den geraden Jahren auf Spiekeroog, in den ungeraden auf Langeoog.

Segeln

Die Spiekerooger Segelschule bietet ein breites Spektrum von Kursen (Anfängerkurse, Segelgrundschein VDS, Sportbootführerschein-Binnen, Sportküsten-Schifferschein-Praxis etc.). Wer möchte, kann auch einfach nur in kleinen Gruppen vor der Insel und auf dem Watt mitsegeln. Ein Vergnügen mit Suchtpotenzial! Wer dann nicht mehr vom Segeln loskommt, kann weiterführende Kurse buchen – siehe oben.

Wassergymnastik im Inselbad

Minigolf

Beim Kinderspielhaus »Trockendock« gibt es eine Minigolfanlage. Dort kann auch **Freischach** gespielt werden.

Reiten

Auch auf dem Rücken der Pferde kann man sich die Insel erschließen: Unterricht für Anfänger und Fortgeschrittene (in der Reithalle oder auf dem Reitplatz) oder geführte Ausritte bietet der Reitstall Petschat an. Ausritte und Kurse auf Islandpferden kann man beim Islandhof buchen. Das Reiten ist jedoch nur auf den besonders gekennzeichneten Wegen und unter Führung möglich. Auf den Wattwiesen und am Hauptbadestrand darf nicht geritten werden.

Schlagball

Diese heutzutage kaum noch verbreitete Ballsportart hat auf Spiekeroog Tradition. Höhepunkt der Saison ist das Schlagball-/Volleyballturnier zwischen Spiekeroog und Langeoog, das im jährlichen Wechsel auf einer der beiden Inseln ausgetragen wird: In den geraden Jahren auf Spiekeroog, in den ungeraden auf Langeoog.

Segeln

Die Spiekerooger Segelschule bietet ein breites Spektrum von Kursen (Anfängerkurse, Segelgrundschein VDS, Sportbootführerschein-Binnen, Sportküsten-Schifferschein-Praxis etc.). Wer möchte, kann auch einfach nur in kleinen Gruppen vor der Insel und auf dem Watt mitsegeln. Ein Vergnügen mit Suchtpotenzial! Wer dann nicht mehr vom Segeln loskommt, kann weiterführende Kurse buchen – siehe oben.

Skaten

Am Bootshafen gibt es hinter der Müllpressstation eine Skaterbahn.

Sport- und Spielteam

Das Team bietet von März bis Oktober und um den Jahreswechsel herum ein abwechslungsreiches Programm mit Strandgymnastik, Ballspielen etc. am Strand und in der Strandhalle. Im Sommer kann man das Deutsche Sportabzeichen erwerben.

Strandburgen

Das Bauen von Strandburgen ist auf Spiekeroog erlaubt. Allerdings sollte man darauf achten, die Strandkörbe nicht einzugraben, um Beschädigungen durch das Einschlämmen bei hohen Wasserständen zu vermeiden.

Strandgymnastik

Erwachsene und Kinder, die sich unter geschulter Leitung mit Strandgymnastik fit halten wollen, werden vom Sport- und Spielteam bestens in Schwung gebracht.

Strandkörbe

Können über die Kurverwaltung bis vier Wochen vor Anreise vorbestellt werden.

Tennis

Neben dem Inselbad gibt es drei Allwetter-Freiplätze mit quarzsandgefülltem Kunstrasen, die für eine Platzmiete von 13 € pro Stunde gemietet werden können. Von April bis Oktober ist die Anlage täglich nutzbar. Unterricht gibt es für Anfänger und Fortgeschrittene (einzeln oder in Gruppen), daneben werden spezielle Kurse für Kinder, Familien oder Senioren sowie Schnupperkurse für Einsteiger angeboten. Im August findet traditionell das »Spiekerooger Bäderturnier« statt.

Wind- & Kitesurfen

Sowohl Anfänger als auch die absoluten Könner kommen hier auf ihre Kosten. Durch eine dem Strand vorgelagerte Sandbank bildet sich bei Ebbe ein unterschiedlich großer Priel. Kommt der Wind aus Nordwest, findet man in der Abdeckung durch die Sandbank eine hervorragend glatte Piste. Ziemlich kabbelig dagegen ist es zwischen Strand und Sandbank. Wellen gibt's vor allem östlich des Badestrandes oder bei Flut über den Sandbänken. Das Material muss man selbst mitbringen – einen Verleih gibt es auf der Insel nicht.
Am Westend gibt es eine Schule für Kite-Surfen.

Mit Kindern auf Spiekeroog

Spielen am Strand ist für die meisten Kleinen ganz groß. Aber auch für den Fall, dass das Wetter hier mal nicht so recht mitspielt, hat Spiekeroog einiges an Abwechslung für die Kurzen zu bieten:

Kinderspielhaus »Trockendock«

Im neu erbauten Kinderspielhaus wartet ganzjährig ein spannendes und abwechslungsreiches Spiel- und Bastelangebot. Es gibt einen Abenteuerraum mit Schiff und Rutsche, zwei Kleinkinderräume, einen Sandspielraum mit Sandkiste (praktisch den »Strand unter Dach«), ein Bällebad, Air-Hockey, Tischfußball, einen Gruppenraum, in dem Kreativarbeiten wie Malen, Töpfern oder Basteln angeboten werden, eine Werkstatt für Holzarbeiten, eine kind- und erwachsenengerechte Küche mit Koch- und Backmöglichkeit sowie einen Internetraum mit mehreren PCs und Internetzugang.

Die Minigolfanlage befindet sich direkt hinter dem Kinderspielhaus. Hier sind auch die Minigolfschläger gegen eine Gebühr von 1,50 € für Kinder und 2,50 € für Erwachsene erhältlich.

Circus »Tausendtraum«

Jonglieren, zaubern, seiltanzen und Theater spielen können Kinder hier lernen. Jeweils vier Tage dauert ein Workshop, an dem die kleinen Besucher der Insel teilnehmen können. Am Ende jedes Workshops steht eine Aufführung, in der das neue Können präsentiert wird. Dieses Angebot besteht während der Saison von Frühjahr bis Herbst mit Unterbrechungen. Auskünfte erteilt die Kurverwaltung.

Spiele

Wer im Koffer nicht mehr genug Platz für Spiele hatte, kann sich gegen Vorlage der Kurkarte in der Leihbibliothek des evangelischen Gemeindehauses kostenlos das eine oder andere ausleihen.

Spielplätze

Gibt es am Melksett und im Kurgarten. Am Badestrand sind in den Sommermonaten außerdem weitere Spielgeräte aufgestellt.

Seehundstage vor Spiekeroog

Der Gang (eigentlich eine Fahrt) vor die Seehunde zählt bei Gästen jeden Alters zu den beliebtesten Unternehmungen während der Inselferien. Große Augen, runde Knubbelköpfe und ihre auf Sandbänken zur Schau getragene gemütliche Behäbigkeit machen die Seehunde zu maritimen Sympathieträgern. Hatte sich ihr Bestand nach dem Seehundsterben Ende der 1980er Jahre wieder erholt, müssen nun erst einmal die Folgen der Staupeepidemie im Jahr 2002 überstanden werden.
Seehunde schätzen vor allem die küstennahen Gebiete der Nordsee, wo sie rudelweise Sandbänke im äußeren Bereich des Wattenmeeres bevölkern. Diese Bänke sind ihre Ruhezonen, die angrenzenden Baljen, Gats und die tiefere Nordsee dienen als Jagdrevier. Gejagt werden Fische, vor allem Schollen und Seezungen, in geringerem Maße auch Krebstiere. Der tägliche Nahrungsbedarf eines ausgewachsenen Tieres beträgt etwa fünf bis sieben Kilogramm Fisch. Dafür wird allerdings etwas geleistet: Seehunde sind in der Lage, bis zu 100 Metern tief und 15 Minuten lang mit einer Geschwindigkeit von bis zu 35 Stundenkilometern abzutauchen.
Sandbänke dienen den Seehunden auch als »Kinderstube«. Vier bis fünf Wochen sind die Jungen auf die Muttermilch angewiesen. Verliert ein Jungtier in dieser Zeit die Mutter und wird am Festland- oder Inselstrand angespült, beginnt es heulend zu klagen. Für die verwaisten »Heuler« besteht die Chance, in der Seehundaufzuchtstation Norddeich gepflegt zu werden. Damit man nicht selbst schuld an einer Störung der Tiere ist, sollte man sich Seehundsrudeln niemals auf eigene Faust nähern. Empfehlenswert ist die Teilnahme an einer der informativen Ausflugsfahrten zu den Seehundsbänken.

Ausflüge:

- Fahrkartenschalter Hafen Spiekeroog, Tel. 04976/9193-133
- Seehundaufzucht- und Forschungsstation Norddeich, Freizeitzentrum Wellenpark am Dörper Weg, geöffnet täglich 10-17 Uhr, Tel. 04931/8919

Vom Strandlaufen

Wie ein dunkles Band, geflochten aus Algenbüscheln, zieht sich die Linie des Flutsaums um die Insel. Je nach Strandstück, Seegang und Wetterlage verändert sich die Beschaffenheit dieses Gürtels. Stellenweise sind Algen und Tang zu filzigen Nestern und dichten Klumpen verdichtet, in denen allerlei zusammengeschwemmt ist: Muscheln, Krebspanzer, Schneckenhäuser und vieles mehr. Zwischen pflanzlichem und tierischem **Treibgut** findet sich manchmal etwas, was den Strandläufer begeistert. Zwar ist angeschwemmter Zivilisationsmüll häufiger anzutreffen als die klassische Flaschenpost oder die algenüberwucherte Piratenschatztruhe, sicher ist nur eines: Alles, was irgendwo an einer anderen Küste oder von einem Schiff ins Wasser fällt und schwimmt, wird irgendwann irgendwo angetrieben – manchmal eben auf Spiekeroog. Vor allem nach **Sturmtagen** ist die Chance groß, verwertbares Strandgut zu finden.

Zu früheren Zeiten empfanden die Spiekerooger – wie übrigens die Küstenbewohner sicher aller Nationen – anlässlich eines **Schiffsunglücks** vor ihren Ufern nicht nur Mitleid mit der Besatzung, sondern freuten sich in erster Linie dabei über den unverhofften Segen auf ihrem Strand. In Anbetracht der zeitweise ausgesprochen ärmlichen Lebensumstände ist diese Haltung verständlich. Verwerten ließ sich bis hin zur Schiffsplanke annähernd alles. Jeder Balken war auf den baumarmen Ostfriesischen Inseln eine begehrenswerte Beute. Längere Perioden ohne eine Strandung gefährdeten sogar die Existenz der Inselwirtschaft. Schließlich hatten die Spiekerooger das jeweilige Unglück nicht zu verantworten. Das Bergen von Gütern aus gescheiterten Schiffen erfolgte oft noch während eines Sturms und war daher nicht ungefährlich. Für dieses Risiko schien ein guter **Bergelohn** allemal gerechtfertigt.

Die übliche **Regelung** sah vor, dass ein Drittel des Bergeguts an den

Landesherrn, ein Drittel an den oder die Besitzer der Ladung ging und das letzte Drittel unter den Bergenden verteilt wurde. Ließ sich ein Besitzer nicht ausfindig machen, schlug man dessen Drittel den Bergenden zu. Fast jeder Spiekerooger war dann am Ertrag beteiligt. Um 1600 hatte der **Vogt** die Anweisung, viermal pro Woche die Insel zu umreiten, um nach eventuellem Strandgut Ausschau zu halten. Allerdings unterlag der Vogt auch der unglücklichen Verpflichtung, den Anteil des Landesherrn vor begehrlichen Übergriffen anderer Insulaner schützen zu müssen. Daher verdächtigten ihn seine Mitbürger regelmäßig der Unterschlagung gemeinsam geborgener Güter.

Schwere Schiffsunglücke sind heutzutage vor Spiekeroog glücklicherweise äußerst selten. Die Hauptschifffahrtswege liegen weiter seewärts als früher und sind durch die stark verbesserte Sicherheitstechnik risikoärmer zu befahren. Das **Strandlaufen**, »strandjen« genannt, ist trotzdem auch ohne komplette Wracks auf dem Flutsaum eine spannende Angelegenheit. Strandlaufen macht süchtig. Wen es gepackt hat, der muss nach einer windigen Nacht einfach hinausgehen und nachsehen, was die Wellen diesmal auf den Spiekerooger Strand getragen haben. Ein Gewinn ist dem Strandläufer dabei jedes Mal sicher: Am Strand genießt man Seeluft pur – gesünder kann ein Spaziergang nicht sein.

Der Nationalpark Niedersächsisches Wattenmeer

Auf den ersten Blick empfindet ein Gast, der noch nie zuvor die Nordseeküste besucht hat, das Wattenmeer rund um Spiekeroog vielleicht als eine relativ unspektakuläre Landschaft. Doch was von Weitem wie Ödland aussieht, ist **dicht besiedelter Lebensraum**. Einsam ist man hier garantiert nicht: Pro Quadratmeter Wattboden zählten akribische Wissenschaftler bis zu 40.000 Schlickkrebse, 270.000 Wattschnecken oder 10.000 Pfeffermuscheln. Das pulsierende Leben ist sogar hörbar – Schlickkrebse erzeugen bei der Nahrungsaufnahme ein dezentes Geräusch, dessen millionenfache Aussendung sich im Watt zu einem kleinen, aber feinen Knistern summiert. Für diese und andere **Kleinlebewesen** bietet das Watt mit seiner zweimal täglich tidenbedingten Frischwasserspülung ein ideales Umfeld. Pflanzen und Kleinlebewesen machen wiederum aus dem Watt ein Paradies für viele Vogel- und Fischarten. Zwei bis drei Millionen **Zugvögel** versorgen sich jährlich bei ihrem Aufenthalt im Wattenmeer mit den nötigen Fettreserven, die sie für den Rückflug in ihre Brutgebiete und für die erfolgreiche **Fortpflanzung** brauchen. Die Strömung trägt jedes Frühjahr Eier und Larven vieler Fischarten in das Wattenmeer. So hat diese Region für etliche Nordseetiere die wichtige Funktion einer »Kinderstube«.

➢ Knabenkraut, Dünenrose und Strandnelke (v.o.)

Das Wattenmeer der Nordsee ist einzigartig. Obwohl 70 Prozent der Erdoberfläche von den Weltmeeren bedeckt sind, findet man weltweit keine Region, die exakt gleiche Bedingungen bietet wie diese. Selbst im Gebiet der Nordsee ist das Wattenmeer ein exotischer Bereich. Es zieht sich zwar von **Den Helder** (Niederlande) bis Esbjerg (Dänemark) über eine ansehnliche Küstenlänge, aber von der Gesamtfläche der Nordsee macht es lediglich 1,5 Prozent aus. Etwa 60 Prozent dieses sensiblen Lebensraums liegen im Hoheitsgebiet der Bundesrepublik Deutschland. Zum Schutz des **Wattenmeeres** wurden mehrere Küstenabschnitte als Nationalparks ausgewiesen.

Das Gebiet um Spiekeroog ist Teil des seit 1986 zwischen Emden und Cuxhaven eingerichteten, etwa 240.000 ha großen »Nationalpark Niedersächsisches Wattenmeer«, auch die Insel selbst gehört dazu. Naturschutz und Fremdenverkehr sind ohne Reglementierungen kaum zu vereinbaren. So ist Spiekeroog in drei unterschiedliche Zonen eingeteilt.

Ruhezone

In der Ruhezone gelten die strengsten Schutzbestimmungen, da sich hier die am meisten gefährdeten Tier- und Pflanzenarten befinden. Wattwandern, Wandern, Radfahren, Reiten und Kutschfahrten sind ganzjährig auf dafür speziell markierten Wegen erlaubt, ansonsten gilt generelles Betretungsverbot. Zur **Ruhezone** auf **Spiekeroog** gehören die Salzwiesen des Ostgroen und des Westgroen einschließlich der Lütjeoogdünen und des südlich davon gelegenen Vogelbrutgebietes.

Ebenfalls zur Ruhezone zählt die gesamte Ostplate ab Höhe der Hermann-Lietz-Schule. Hier kann es aus Naturschutzgründen zeitweise sogar zu einer Sperrung der markierten Wege kommen.

Die Ruhezonen des Wattenmeeres dürfen in der Zeit von drei Stunden nach bis drei Stunden vor mittlerem Tidehochwasser (MTHW) nur auf den ausgewiesenen Fahrwassern befahren werden.

Zwischenzone

In diesem Bereich ist der freie Zutritt zumindest zeitweise erlaubt. Die Schutzmaßnahmen der **Zwischenzone** dienen dennoch dem Erhalt des Landschaftscharakters. So ist die Störung wild lebender Tiere in ihren Lebensräumen natürlich auch hier untersagt. Als Störung gilt beispielsweise die allzu aufdringliche Fotopirsch enthusiastischer Hobby-Tierfilmer oder selbstver-

➢ Bitte nicht stören – ein Seehund auf einer Sandbank (oben) und eine Strandkrabbe (unten)

ständlich auch der Versuch, den Naturgenuss durch Inbetriebnahme eines Gartengrills kulinarisch abzurunden. Hunde sind - außer bei offiziell ausgeübter Jagd - anzuleinen. Zwischen dem 1. April und dem 31. Juli, während der **Hauptbrutzeit**, darf das seewärts gelegene Deich- oder Dünenvorland nur auf den markierten Wegen betreten werden. Die Zwischenzone umfasst auf Spiekeroog den Loogheller, den Dünengürtel um den Ort herum - von den Quellerdünen in der Inselmitte bis zu den Süderdünen im Südwesten.

Erholungszone

In diesem Bereich ist der **Erholungs- und Kurbetrieb** im Rahmen der örtlichen Bestimmungen freigestellt. Auf Spiekeroog umfasst die Erholungszone den Badestrand, einen Strandabschnitt im Südwesten am Campingplatz sowie den unmittelbaren Orts- und Hafenbereich.

Die in der Ruhezone und in der Zwischenzone zugelassenen Wege sind durch Pfähle gekennzeichnet:

- Grüne Markierung: Wanderwege
- Rote Markierung: Reitwege

Die genauen Markierungen sind den sogenannten Nationalparkkarten zu entnehmen, die kostenlos bei der Kurverwaltung ausliegen.

➢ Rechts: Dünenaufgang

Dünen – Gebirge der Nordseeküste

Dünen sind Naturwunder. Scheinbar aus dem Nichts entsteht ein gewaltiger **Sandwall** dort, wo noch einige Jahre zuvor flaches Gelände war. Manchmal hilft kundige Menschenhand dieser Entwicklung durch einige Kunstgriffe nach. Doch meist ist es die Natur allein, die in kurzer Zeit mehrere Meter Sand auftürmt und so als Landschaftsarchitekt wirkt. Für das Gestaltungstempo ist die Spiekerooger **Ostplate** das anschaulichste Beispiel.

Während der Ebbe trocknen Sandbänke und Strände an der Oberfläche ab. Der Wind verweht den unverfestigten Sand, und wo Sandhaufen über die Hochwasserlinie herauszuragen beginnen, entstehen **Primärdünen** - fragile Gebilde, die ein heftiger Sturm oder eine höhere Flut vielleicht bereits wieder vernichtet. Erst allmählicher Pflanzenbewuchs (in erster Linie Strandquecke und Strandhafer) durchwurzelt den lockeren Sand, festigt die Düne und lässt sie noch wachsen durch Sandablagerungen, die sich im Windschatten dieser Pflanzen bilden. Diese Dünen liegen zumeist im ufernahen Bereich. Ältere Dünen liegen etwas windgeschützter im Inselinneren. Ihr Pflanzenbewuchs ist deutlich vielfältiger ausgeprägt, die Oberfläche besteht bereits aus einer dünnen **Mutterbodenschicht**.

So schnell, wie sich Dünen bilden, können sie auch wieder verschwin-

➢ Vom Winde verweht – Dünen kommen und gehen

den. Das gilt sogar für alte, längst verfestigt scheinende Dünen. Wenn der **Pflanzenbewuchs** Schaden nimmt, hindert den Wind nichts daran, sein einmal geschaffenes Werk wieder fortzublasen. So dienen die Wegebeschränkungen des Nationalparks nicht allein dem Tierschutz, sondern auch dem Erhalt der Dünen. Wird die Vegetation durch wilde Trampelpfade, Abpflücken von Pflanzen, Lagern oder Reiten zerstört, bricht selbst bei alten Dünen die **Humusdecke** auf. Der darunterliegende Sand wird erneut verblasen und sorgt seinerseits für weiteres Unheil. Der vielfältige, aber weniger rustikale Bewuchs der Binnendünen nimmt durch schmirgelnde Sandkörnchen Schaden, stirbt ab und reißt so neue Löcher in den Dünengürtel. Auf diese Weise sind schon ganze Inseln untergegangen, denn intakte Dünen wirken als natürliche Wellenbrecher, die im Übrigen nicht bloß die Inseln, sondern auch die Festlandküste schützen. »Dünenschutz ist Küstenschutz!«, lautet eine alte Devise an der Nordseeküste. Die Bitte der Naturschützer, innerhalb des Dünengeländes nicht von den eigens angelegten Wegen abzuweichen, entspricht also einer zwingenden Notwendigkeit. Diese Wege sind allerdings eigens so angelegt, dass ein Spaziergang darauf reichlich Gelegenheit bietet, die Pflanzen- und Tierwelt zu beobachten.

Ebbe und Flut

Die Gezeiten unterliegen dem Einfluss des Mondes auf die Weltmeere. Die Anziehungskraft des Mondes bewirkt auf der ihm zugewandten Erdseite einen **Flutberg**, dem ein durch Rotationskraft verursachtes Pendant auf der entgegengesetzten Erdhälfte gegenübersteht. Zwischen den beiden Flutbergen bilden sich zwei **Ebbetäler** aus. Dem Mond folgend wandern Flut und Ebbe um die Erdkugel und wiederholen sich in der Zeit eines halben Mondumlaufs – exakt alle 12 Stunden, 25 Minuten und 14 Sekunden.

Die Konstellation der Sonne zu Erde und Mond beeinflusst die Höhe der **Tide**. Liegen bei Neu- und Vollmond Erde, Sonne und Mond auf einer Achse, addieren sich ihre Anziehungskräfte. Die Folge ist eine **Springtide** mit höherem Hochwasser und niedrigerem Niedrigwasser. Stehen Erde, Sonne und Mond dagegen rechtwinklig zueinander, z.B. bei Halbmond, heben sich die Anziehungs- und Fliehkräfte teilweise auf. Es kommt zu einer sogenannten **Nipptide**, bei der das Hochwasser niedriger als normal ausfällt und das Niedrigwasser weniger stark zurückweicht. Als **Mitteltide** bezeichnet man den Wert zwischen diesen beiden Extremen. Erreicht der Flutberg des Atlantischen Ozeans die Nordsee, rollt er als Welle auf Spiekeroog und die Küste zu. Durch den Aufstau vor der Küste erhöht sich noch die Differenz zwischen Flutberg und Ebbetal. Diese Differenz, **Tidenhub** genannt, beträgt vor Cuxhaven im Mittel 2,90 Meter.

Nicht nur die Planetenkonstellation beeinflusst den Tidenhub, auch das **Wetter** spielt eine gewichtige Rolle. Starke ablandige Winde treiben ablaufendes Wasser weiter hinaus und hindern die Flut am schnellen Auflaufen, das Watt bleibt länger trocken. Bei kräftigem Seewind passiert das Gegenteil: Das Wasser läuft bei Ebbe nicht so weit ab – unter Umständen kann diese Konstellation eine geplante Wattwagenfahrt oder Wattwanderung zunichte machen. Dramatisch wird es, wenn sich die Kräfte von Flutwelle und dauerhaft orkanstarkem Seewind vereinen. Dann beginnt das große Kräftemessen zwischen Sturmflut und Deichen.

Wattwandern

Wattwandern macht Spaß. Die gute Luft, die interessanten Tiere, der fußfreundliche Boden – gerade an strahlenden Sommertagen vergisst man leicht die Gefahren, die einen allzu sorglosen Wanderer hier bedrohen. Ein paar **Regeln** sollte man bei einer Tour im Watt schon beachten:

- Bei **Wetterumschwüngen** gilt es, schnellstens an Land zu gelangen. Im Gewitter ist das Risiko eines Blitzschlags für einen im flachen Watt stehenden Menschen nicht unerheblich. Und Nebel bedeutet das Ende jeglicher Orientierung. Hilfreich ist eventuell der Versuch, sich am Land einen

➢ Salzwiesen werden bei Flut überspült

Orientierungspunkt zu suchen und zu merken, solange es noch möglich ist.

- Auch wenn der weite Horizont lockt: **Gehen Sie nicht allein**. Im Fall der Fälle gibt es sonst niemanden, der Hilfe holen kann. Schon ein an einer Muschelschale verletzter Fuß kann die Ursache dafür sein, dass eine sonst in kurzer Zeit problemlos bewältigte Entfernung eben nicht in kurzer Zeit bewältigt wird. Aber: Die Flut kommt garantiert pünktlich.
- Wird man trotz allem **vom auflaufenden Wasser überrascht**, gilt es, die Nerven zu bewahren. Meiden Sie die Nähe von Prielen, auch wenn das einen Umweg bedeuten sollte. Die Priele laufen zuerst voll, Tiefe und Strömung sind schwer einzuschätzen.

Die **Niedrigwasser-Zeiten** sind Tidenkalendern oder Informationsblättern (bei der Kurverwaltung erhältlich) zu entnehmen. Die beste – weil ungefährlichste – Zeit für eine Wattwanderung beginnt jeweils zweieinhalb Stunden vor Niedrigwasser und endet bei Niedrigwasser. **Achtung:** Ein nicht selten begangener Irrtum ist es, bei Niedrigwasser aufzubrechen, zu dem Zeitpunkt also, da die Ebbe ihren niedrigsten Stand erreicht hat. Schon unmittelbar danach setzt die Flut ein. Wer bei Niedrigwasser eine Wattwanderung startet, läuft der Flut entgegen!

➢ Blick über das Sandwatt

Keine Sorgen um seine Sicherheit braucht sich der Gast zu machen, der sich einer der zahlreichen **geführten Wattwanderungen** anschließt. Die Auswahl ist groß: naturkundliche Führungen, für Kinder besonders reizvolle Wattwanderungen mit Muschelsuche oder sportliche Zehn-Kilometer-Wanderungen bis zur Wattkante.

Wunderwelt Wattenmeer

Eine Wattwanderung beginnt am Spülsaum, jener magischen Linie, bis zu der die Wellen bei Normalhochwasser schlagen. Zwischen Spülsaum und Watt kann durchaus noch Gras wachsen. Diese seewasserbeständigen Gräser bilden die **Salzwiesen**, auch »Heller« genannt. Etwa 2000 Tierarten, überwiegend Insekten, finden hier ihren Lebensraum.

Vor den Salzwiesen oder dem Strand beginnt das **Schlickwatt**. Die an das Ufer schlagenden Wellen transportieren winzige Schwebstoffe, aus denen Schlick entsteht. Diese Teilchen setzen sich nicht auf dem Spülsaum ab, sondern erst, wenn das Wasser wieder zurückweicht. Die strandnahe **Schlickzone** ist das Revier des **Quellers**, einer grünährigen Pflanze mit fleischigen Zweigen und zurückgebildeten Blättern, die bis zu 30 Zentimeter hoch wächst.

Die **Tierwelt** ist in dieser Region ebenfalls reichlich vertreten. Die vielen Poren im Wattboden sind nämlich kein Werk der Wellen, sondern auf umtriebige Wattschnecken zurückzuführen, von denen sich

➢ Wunderwelt Wattenmeer – Plattmuscheln, Queller, ein Salzwiesengewächs, das man sogar essen kann, und eine Muschelbank

bei Ebbe etliche eingraben. Andere ziehen auf dem Weg zu nahrhaften Algen Schleifspuren durch den Schlick. Man muss jedoch schon gut hinsehen – die Wattschnecke misst samt Gehäuse nur wenige Millimeter.

Kaum größer ist der **Schlickkrebs**, der es auf ausgewachsene 15 Millimeter bringt, wobei die Hälfte dieser imposanten Länge auf die Fühler entfällt. Sie hausen in U-förmigen Röhren, die sie im Sommer etwa vier Zentimeter, im Winter aus Frostschutzgründen zwölf Zentimeter tief anlegen. Ihre hohe Zahl garantiert den Fisch- und Vogelreichtum im Wattenmeer, denn sie dienen vielen Arten als bevorzugte Nahrung. Sie selbst haben für Mahlzeiten auch einiges übrig – ihr kollektives wisperndes Schmatzen ergibt das bei Windstille deutlich vernehmbare Knistern.

Nach der ufernahen Schlickwattzone folgt das **Mischwatt**, dessen Boden aus einem Schlick-Sand-Gemenge besteht. Auch hier blüht kurioses Leben im Verborgenen. Unter der Bodenoberfläche liegen nämlich schnorchelnde Muscheln. Wenige Zentimeter tief graben sich Herzmuscheln ein und strecken jeweils eine Ein- und Ausströmungsröhre zur Oberfläche. Bis zu 5000 Herzmuscheln stecken in einem Quadratmeter Wattboden!

Auf noch tieferer Tauchstation (bis zu 30 Zentimeter) steckt die **Sandklaffmuschel**, mit bis zu 15 Zen-

➢ Bei Ebbe glänzt das Watt

timetern Länge eine der größten heimischen Muschelarten. Sie hält mittels eines entsprechend langen Siphos Verbindung zur Oberfläche, um Sauerstoff und Nahrung aus dem Wasser zu filtern. Dieses schlauchartige Organ ist beweglich und von einer faltigen, braunen Haut umgeben. Registriert die Sandklaffmuschel Erschütterungen des Wattbodens, zieht sie den Sipho ruckartig ein. Der noch im Sipho befindliche Wasserrest wird durch diese Kontraktion fontänenartig über die Oberfläche hinausgespritzt. Mit der bis zu 20 Zentimeter hohen Fontäne verraten die Muscheln dem aufmerksamen Wanderer ihren Standort.

Ausgewachsene Sandklaffmuscheln können ihren Standort nicht mehr wechseln. Verändert sich an ihrer Position das Bodenniveau, sterben sie ab. An den sich ständig verändernden **Prielkanten** treten oft regelrechte Kolonien abgestorbener Sandklaffmuscheln zutage, deren senkrecht stehende, messerscharfe Schalenränder für barfuß gehende Wattwanderer eine Gefahr sind.

Der für den Wanderer auffälligste Bewohner des Mischwatts ist jedoch der **Wattwurm**, dessen geringelte Sandkothäufchen überall zu sehen sind. Der 15 bis 20 Zentimeter lange Wurm lebt in einer U-förmigen Wohnröhre, 25 Zentimeter tief im Wattboden. In seiner Röhre steckend, saugt er Sand in sich hinein, dem er Kleinstlebewesen und Pflanzenreste entzieht. So entstehen auf dem Watt die kleinen trichterförmigen Vertiefungen.

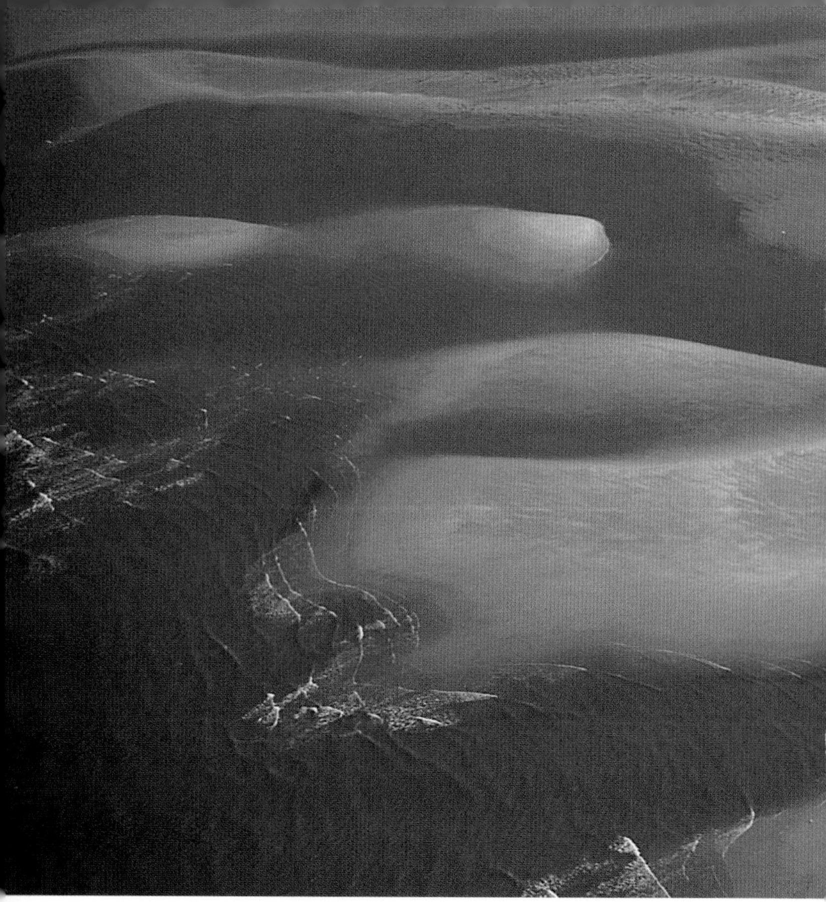

Sobald sein Darm gefüllt ist, kriecht der Wurm rückwärts zur Oberfläche und produziert die charakteristischen Sandkotkringel.

Was ein Regenwurm für den Komposthaufen, ist der Wattwurm für das Watt: Er reinigt den Boden. Die **Sandkotkringel** sind gereinigter Wattboden und kein Schmutz, der Wanderer muss also nicht auf Zehenspitzen durchs Watt laufen. Die Leistungsfähigkeit dieser Würmer ist verblüffend. Durch den Körper eines einzigen Wattwurms wandern jährlich bis zu 25 Kilo Sand! 20 Würmer verarbeiten in demselben Zeitraum einen Quadratmeter Wattboden vollständig bis zu einer Tiefe von 25 Zentimetern.

In Wassernähe geht das Mischwatt langsam in reines **Sandwatt** über. Es ist das Revier der Seegraswiesen und verschiedener Krebsarten, vor allem aber bilden sich hier ganze Kolonien von blauschwarzen Miesmuscheln. Die **Miesmuscheln** liegen nicht nur unterhalb der Niedrigwasserlinie, sondern auch auf

dem Sandwatt, wo sie bei Ebbe trocken fallen. Sie graben sich nicht ein, sondern verbinden sich mit Sekretfäden, sogenannten »Byssusfäden«, zu regelrechten Muschelbänken. Unter guten Bedingungen erreichen sie dabei eine Dichte von bis zu 12.000 Stück pro Quadratmeter. Miesmuscheln sind ziemlich widerstandsfähig: Während sommerlicher Temperaturen überleben sie selbst auf dem Trockenen tagelang, im Winter ertragen sie monatelange Abgeschlossenheit im Eis. Allerdings können Eisschollen vor allem im Wattenmeer ganze Muschelbänke »abrasieren«.

Im Watt liegend, aber eigentlich – da sie auch bei Ebbe nicht vollständig trocken fallen – zum Meer gehörend, bilden die **Priele** eine eigene Zone des Wattenmeeres. Hierhin zieht sich während der Ebbe allerlei Getier zurück, um die nächste Flut abzuwarten. Neben Strandkrabben, Einsiedlerkrebsen und Nordseegarnelen verweilen hier auch Fische wie Aale und Schollen.

»Gott bewahre Damm und Dieken ...«

von Melanie Dubbels

»Gott schuf das Meer und der Friese die Deiche.« Dieser trotzig-selbstbewusste Spruch wirft ein Schlaglicht auf den jahrhundertealten Kampf gegen Sturmfluten und Überschwemmungen. Alle Nutznießer der Deichanlagen mussten schon immer auch für den Erhalt der Deiche arbeiten. Die Dorfgemeinschaft hatte selbst für den Unterhalt der Anlage zu sorgen, und so entstand das **Spatenrecht**: Jedes Dorfmitglied, das im Besitz von Land war, musste für den Deich sorgen. Wer die Last nicht auf sich nehmen wollte, verlor seinen Besitz, und wer freiwillig aufgab, stieß seinen Spaten in den Boden. Derjenige, der ihn dann aus der Erde zog, übernahm das Land, den Besitz und die Pflicht, für den Deich zu sorgen.

Der **Deich** hat eine typische Form und ist nicht nur ein aufgeschütteter Hügel. Anfänglich wurde er wie eine senkrechte Mauer zum Meer hin gebaut, doch solche Mauern ließen die Flut nur noch heftiger auflaufen. In **Holland** entwickelten Deichbauer die noch heute übliche Form des Deiches: Der Außendeich steigt sehr flach an, sodass die Wellen sich »totlaufen«.

Der **Blanke Hans** ist der Räuber, der Heu und Vieh vom Vorland schwemmt, und die Sagengestalt, die in Form von Sturmfluten die Deiche angreift, um sie zu zerstören. In Nordfriesland wird er auch **Rasmus** genannt, gemeint ist aber die Nordsee ganz allgemein, denn »blank« bedeutet nichts anderes als »unter Wasser stehend«.

Der Blanke Hans ist seit jeher der böse Nachbar, der den Menschen keinen Frieden lässt. Wie einen mürrischen, schlecht gelaunten Greis, den bei schlechtem Wetter seine Zipperlein plagen, überkommt es auch den Blanken Hans von Zeit zu Zeit: Dann lässt er seine Wut an den Küstenbewohnern aus. Doch die lassen sich nicht unterkriegen: In 1082 Kilometer Länge zieht sich das System von **Haupt- und Nebendeichen** an den Küsten von Niedersachsen, Bremen, Hamburg und Schleswig-Holstein entlang.

Um das **Jahr 1000** wurden in Nordfriesland die ersten Deiche gebaut. Durch Entwässerungsarbeiten und natürliche Setzungsvorgänge kam es jedoch dazu, dass sich das Land bis unterhalb des mittleren Tidehochwassers absenkte, sodass im 14. Jahrhundert die zu erwartende Katastrophe hereinbrach. Schwere **Sturmfluten** zerschlugen die Deichlinie. Das Kulturland zwischen Sylt und Eiderstedt ging mit einem Schlag unter und wurde zum Wattenmeer.

Im 14. Jahrhundert setzten die natürlichen Sedimentations- und Ver-

➢ Ausschnitt aus einer topografischen Karte des 17. Jahrhunderts

landungsvorgänge ein, die von den Küstenbewohnern ausgenutzt wurden. Es wurde ein **System der Landgewinnung** entwickelt, bei dem auf einer Watt- oder Anwachsfläche (Landgewinnungsfeld) ein System von dammartigem **Buschbauwerk** (Lahnungen/Buhnen) aufgestellt und flache Gräben (Grüppe) zur Regelung des Wasserhaushaltes und zur Beschleunigung der Auflandung ausgehoben wurden. Mithilfe der von der Flut immer wieder angeschwemmten **Ablagerungen** wurde nach und nach Land gewonnen. Auch der Deichbau hat sich seither verbessert.

Die **Stackdeiche**, wie sie noch bis Ende des 17. Jahrhunderts gebaut wurden, sind inzwischen zu imposanten Profilen herangewachsen. Heute gleicht kaum ein Deich dem anderen. Meistens bedarf es bei den Deichbauvorhaben verschiedener Detailpläne, und sogar innerhalb desselben Projektes sind unterschiedliche Bauweisen nötig. Bauabweichungen können in Größe, Steigung, Fundament oder im Baumaterial vorkommen, sodass es auch Deiche aus Beton, Kleie oder Sand gibt. Heute gelten die Deiche im Allgemeinen als sturmflutsicher, aber galt nicht auch die Titanic als unsinkbar?

Spiekerooger Vogelwelt

Spiekeroog hat Ornithologen einiges zu bieten. Viele verschiedene Vogelarten brüten auf der Insel, andere verweilen hier während ihrer Durchreise. Die Festlandnähe und das im Wattenmeer reichlich vorhandene Nahrungsangebot bieten den Vögeln **ideale Bedingungen**. Wester- und Ostergroen sowie die Ostplate sind echte Vogelparadiese. Man trifft selten gewordene Tiere wie die **Zwergseeschwalbe**, vor allem aber zahlreiche **Entenarten**, **Rallen** und **Brachvögel**. In den Wiesen und Außenweiden sind verschiedene Schwalbenarten zu finden, ebenso der **Austernfischer**, die neben den Möwen wohl am häufigsten an der Wattenküste vertretene Vogelart. Hier können auch **Säbelschnäbler** beobachtet werden, die mit ihren langen, aufwärtsgebogenen Schnäbeln im Flachwasser von Tümpeln und Prielen jagen. Dabei stochert ein Säbelschnäbler nicht etwa im Wasser herum, sondern bewegt seinen Schnabel rasch hin und her, um auf diese Weise Kleingetier zu erwischen.

➢ Von oben: Austernfischer, Austernfischerküken, Austernfischernest, Silbermöwen

Im Dünen- und Strandbereich dominieren die **Möwen**. Die kleinste unter ihnen ist die Lachmöwe. Der etwa 40 Zentimeter große Vogel verdankt seinen Namen nicht etwa einem besonders humorigen Charakter, sondern die Vorsilbe »Lach« bezieht sich auf Wasserlachen, flache Seen und Tümpel, die zum bevorzugten Jagdrevier dieser einst überwiegend im Binnenland beheimateten Möwenart zählten. Mit dem zunehmenden Verlust ihrer binnenländischen Brutplätze ist die **Lachmöwe** auf Reviere an der Nordsee ausgewichen.

Sehr verbreitet ist die nur wenig größere **Sturmmöwe**, die etwa bis zur Mitte des 20. Jahrhunderts vor allem an der Ostsee anzutreffen war. Am häufigsten ist jedoch die größte hier anzutreffende Möwenart – die **Silbermöwe**. Sie wird bis zu 56 Zentimeter lang und 1,1 Kilogramm schwer. Ein Spiekeroog-Besucher lernt sie meist schon während der Anreise kennen: Silbermöwen begleiten oft die Fährschiffe, mit denen sie manchmal so vertraut sind, dass sie von den Passagieren hingehaltene Brotstücke aus der Hand picken.

➢ Von oben: Fluss-Seeschwalbe, Fluss-Seeschwalben bei der Balz, Säbelschnäbler, Säbelschnäblerküken

NEU 235

Laue Lüftchen und stürmische Zeiten

An der Waterkant weht meistens eine Brise. Dieses Phänomen ist schließlich ein wesentlicher Faktor des heilsamen **Spiekerooger Seeklimas**. Manchmal allerdings wird aus dem angenehm fächelnden Nordseewind ein brüllender Sturm. Wer wissen will, welche Windstärke ihn zaust, richtet sich nach den bewährten Messkriterien des britischen Admirals und Hydrografen **Sir Francis Beaufort** (1774–1857):

- Windstärke 0: Absolute Windstille. Rauch steigt senkrecht empor. Das Meer liegt spiegelglatt – ein um Spiekeroog wohl äußerst seltenes Schauspiel. Die Windgeschwindigkeit (gemessen in einer Höhe von zehn Metern) bewegt sich zwischen 0 und 0,2 m/s.
- Windstärke 1: Leiser Zug, gerade ausreichend, um Rauchsäulen zu bewegen. Fahnen hängen schlaff an den Masten, das Meer bewegt schaumlose Kräuselwellen. Windgeschwindigkeit 0,3–1,5 m/s.
- Windstärke 2: Leichte Brise, auf der Haut fühlbar. Fahnen und Blätter bewegen sich, die Nordsee reagiert mit kurzen, ungebrochenen Wellen. Windgeschwindigkeit 1,6–3,3 m/s.
- Windstärke 3: Schwache Brise. Sie streckt Fahnen, bewegt Blätter und Zweige. Auf See werden schaumgekrönte Wellenkämme sichtbar. Windgeschwindigkeit 3,4–5,4 m/s.
- Windstärke 4: Mäßige Brise, die jedoch ausreicht, Staub und lose herumliegendes Papier aufzuwirbeln und dünnere Äste zu bewegen. Die Dünung der Nordsee wird länger und die Schaumkronen verstärken sich.

Windgeschwindigkeit 5,5-7,9 m/s.

- Windstärke 5: Frische Brise. Kleine Bäume beginnen jetzt zu schwanken, das Meer trägt Schaumkronen. Windgeschwindigkeit 8,0-10,7 m/s.
- Windstärke 6: Starker Wind bewegt auch starke Äste und pfeift an Telefonleitungen. Regenschirme sind schwierig zu handhaben, am Ufer brechen schäumend die Wellenkämme. Windgeschwindigkeit 10,8-13,8 m/s.
- Windstärke 7: Steifer Wind leistet dem gegenangehenden Wanderer spürbar Widerstand, große Bäume geraten in Bewegung. Wellen türmen sich auf, von ihren Kämmen geblasene Schaumstreifen markieren die Windrichtung. Windgeschwindigkeit 13,9-17,1 m/s.
- Windstärke 8: Stürmischer Wind bricht Zweige aus den Bäumen. Spazierengehen bei Gegenwind wird zur Kraftprobe. Auf der Nordsee schlagen Wellenberge Gischt und Schaum. Windgeschwindigkeit 17,2-20,7 m/s.
- Windstärke 9: Der Sturm ist da, stark genug, um Ziegel von Hausdächern zu reißen. Die See beginnt zu rollen. Windgeschwindigkeit 20,8-24,4 m/s.
- Windstärke 10: Schwerer Sturm entwurzelt Bäume und verursacht auch größere Schäden an Häusern, wie beispielsweise eine Komplettabdeckung ganzer Dächer. Die Nordsee beginnt zu kochen - über den rollenden Wellenbergen schäumt es weiß, fliegende Gischt beeinträchtigt den Ausblick. Windgeschwindigkeit 24,5-28,4 m/s.
- Windstärke 11: Orkanartiger Sturm. Diese Windstärke wird im Binnenland selten erreicht. Falls es aber doch einmal dazu kommt, dann muss man mit flächendeckenden Sturmschäden rechnen. Auf dem Meer bilden sich außergewöhnlich hohe Wellenberge, verstärkt sprühende Gischt vermindert zunehmend die Sicht. Windgeschwindigkeit 28,5-32,6 m/s.
- Windstärke 12: Orkan. Die Elemente vermischen sich. Der Sturm peitscht das Meer derart, dass fliegende Gischt und Schaum die Luft durchsetzen. Fernsicht ist unmöglich und in den meisten Fällen auch nicht erforderlich: Wer nicht unbedingt muss, setzt sicher keinen Fuß vor die Tür. Hauptsache, es gibt noch genug Tee und Kluntjes im Haus. Ein Schuss Rum wäre auch nicht übel. Ein Orkan stürmt mit einer Windgeschwindigkeit ab 32,7 m/s - das entspricht einem Tempo von knapp 120 km/h (Umrechnungsfaktor: 1 m/s = 3,6 km/h).

NEU 235

Ostfriesische Hochgenüsse

Abwarten und Tee trinken

Wenn die Engländer ihren berühmten »Five o'clock tea« schlürfen, leeren die Ostfriesen bereits die vierte Kanne. Tee ist das **Nationalgetränk** der Region, wie die Statistik eindrucksvoll beweist: Sieben Pfund Tee verbraucht ein Ostfriese durchschnittlich im Jahr – der Bundesdurchschnitt liegt gerade bei 220 Gramm.

Spätestens, wenn sie an einem kühlen Tag ordentlich windverblasen von einem Deich- und Dünenspaziergang in ihre Quartiere zurückkehren, lernen auch passionierte Kaffeetrinker ein angebotenes »Koppke« Tee zu schätzen. Überhaupt, Kaffee. Der wird weltweit bloß in Tassen oder Becher gegossen und getrunken – fertig. Echte Teeliebhaber entwickeln um ihr verehrtes Aufgussgetränk ein regelrechtes Zeremoniell, das gilt für Ostfriesland nicht weniger als für Japan.

Unverzichtbarer Bestandteil der ostfriesischen Teevariante ist natürlich die **Mischung** selbst, meist indischer **Assam-Tee** mit Beimischungen von Ceylon-, Sumatra- oder Darjeelingblättern. Für jede geplante Tasse berechnet man einen Löffel Tee, einen weiteren als Zugabe »für die Kanne«, die bereits vorgewärmt sein sollte.

Das Wasser für den Aufguss muss sprudelnd heiß sein. Die Wasserqualität ist entscheidend für die Güte des Tees – mit steigender Wasserhärte sinkt die Chance, einen guten Geschmack zu erzielen, weswegen seltene Puristen am liebsten sauberes Regenwasser benutzen. Aufgegossen wird zunächst nur ein kleiner Teil des kochenden Wassers, gerade so viel, dass die Teeblätter bedeckt sind. Hat der Tee drei bis fünf Minuten gezogen, gießt man heißes Wasser in genau der Menge nach, die getrunken werden soll.

Zur ostfriesischen **Teezeremonie** gehört natürlich ein entsprechendes Service, am besten ein klassisches Design aus Reliefporzellan. In die Tasse, das »Koppke«, kommt ein Stück weißer Kandis, das **»Kluntje«**. Nun kommt der große Moment: Aus der Kanne ergießt sich ein heißer Teestrahl auf den Kandis, der knackend zerplatzt – allein schon dieses Geräusch steigert das Wohlbefinden. Des Kunstwerks finale Krönung bildet das **»Wulkje«**, ein Löffel flüssiger Sahne, die wolkig vom Tassengrund aufsteigt und nicht umgerührt werden darf, andernfalls gilt man als Banause.

»Drei Tassen sind Ostfriesenrecht«, sagt man und meint damit das Quantum pro Teepause. Davon gibt es mehrere täglich: Zum Frühstück, Mittag und Nachmittag sowieso,

➢ Typisches ostfriesisches Teegedeck

und vor allem natürlich den »Elfürtje«. Der **Elf-Uhr-Tee** ist den Ostfriesen mindestens so wichtig wie den Engländern der »Five o'clock«, und warum sollte man mit dem Genuss eines so schönen Getränks auch bis zum Nachmittag warten?

Tee ist das Getränk, welches man Gästen anbietet, ob sie nun überraschend oder angemeldet zu Besuch kommen. Vernünftige Gespräche beginnen nicht, bevor die **»Koppkes«** auf dem Tisch oder zwischen den Händen dampfen. Geschäftliche Verhandlungen verlaufen beim Tee entspannter. Nachgießen, abtrinken oder den feinen Dampffäden hinterhersehen, die dem duftenden »Koppke« entsteigen – das verschafft in fast jeder Lebenslage Pausen der Besinnlichkeit. »Abwarten und Tee trinken« ist in Ostfriesland eben kein hohler Spruch, sondern Lebensphilosophie.

Suppe zum Anstoßen

Wer auf Spiekeroog oder andernorts in Ostfriesland zu einer »Bohntjesopp« eingeladen wird und eine nahrhafte Hülsenfruchtsuppe erwartet, erlebt sein blaues Wunder. Nicht dass eine **Bohntjesopp** keinen Nährwert hätte: Die »Bohnen« sind Rosinen, und die haben es in sich. Die Rosinen werden drei Tage in Branntwein eingelegt, dann rührt man gelösten Kandis in das Gebräu. Serviert wird die »Suppe« im speziellen henkellosen **»Branntwienskoppke«**, stilecht mit Löffel. Bohntjesopp schlürft oder löffelt man anlässlich einer Geburt.

Für Leib und Seele

Nordseeluft macht hungrig. Die ostfriesische Küche begegnet dieser Herausforderung mit einigen Spezialitäten, nach deren Genuss man sich befähigt fühlt, auch während eines mittleren Orkans noch senkrecht auf der Deichkrone stehen zu können. Bevor man sich jedoch vom Tisch erhebt, wäre es vielleicht angezeigt, ein Gläschen **»Friesenwein«** (klarer Korn) oder **»Friesenfeuer«** (süßer Aufgesetzter, brennend serviert) zu sich zu nehmen.

Als einstiger Höhepunkt bäuerlicher Schlachtfeste galt das **»Sniertjebraa«**. Die Kreation aus fettem Nacken- und Schulterbraten wird mit Schweinefett allseits scharf angebraten und mit Zwiebeln, Pfeffer, Salz, Mehl und Sahne zubereitet.

»Speckendicken« ist kein Zustand, sondern eine Mehlspeise, die man vornehmlich im Winter und speziell zu Silvester serviert. Der Teig wird aus Weizen- und Roggenschrotmehl mit Sirup, Eiern, Schmalz und Gewürzen (Zimt, Anis) angerührt, einige Tage gekühlt und dann mit einigen Scheiben Mettwurst in einem Waffeleisen gebacken. Übrig gebliebenes Speckendicken kann am nächsten Tag kalt gegessen werden – falls man dann schon wieder Hunger hat.

»Labskaus« ist ein traditionelles Gericht an der gesamten Nordseeküste. Pökelfleisch, Salzheringe, Zwiebeln und Rote Bete werden durch den Wolf gedreht und mit gekochten, zerstampften Kartoffeln, gekrönt von einem Spiegelei und einer Gewürzgurke, serviert. Früher galt Labskaus auch als typisches »Resteessen«, in dessen Komposition je nach Stand der Vorräte bestimmte Komponenten geschmacksweisend waren. Gut zubereitet, kann das Gericht durchaus mit vermeintlich edleren Speisen konkurrieren. Es schmeckt viel besser, als es aussieht!

Ebenfalls deftig und in etlichen Variationen zubereitet sind die zahlreichen **Kohlgerichte**, für die Ostfriesland berühmt ist. Wie auch immer die Wahl ausfällt: Handelt es sich um ein **Grünkohlessen**, muss »Pinkel« darin sein. Echte Pinkelwurst besteht aus einer geräucherten Füllung aus durchwachsenem Speck, Hafergrütze, Zwiebeln, Pfeffer und Salz.

Neben der bereits oben erwähnten Bohntjesopp, die gar keine Bohnen enthält, isst man in dieser Region gern getrocknete Bohnen mit Speck (»Updrögt Bohnen«) oder große Bohnen mit Rauchfleisch (»Jungs in leer Büxen«) – garantiert ohne Alkohol, den man aber selbstverständlich separat zu sich nehmen kann.

Natürlich isst man entlang der Küste auch viel **Fisch**. Klassiker wie »Pannfisch«, ein Fischomelett mit Kartoffelresten und gebratenem Speck, oder Hering in Sahnesoße sollte man sich nicht entgehen lassen. Vorwiegend im den Wintermonaten kann man in **Mu-**

➢ Nordseekrabben wandern noch an Bord des Krabbenkutters in den Kochtopf

schelgerichten schwelgen. Miesmuscheln sind überall zu bekommen und lassen sich auch einfach selbst zubereiten: Die Muscheln werden mit kaltem Wasser abgespült und gereinigt, dabei schließen sich die Schalen. Dann bedeckt man sie mit Flüssigkeit – von Wasser bis Weißwein mit Kräutern und Zwiebeln ist da alles möglich – und kocht sie so lange, bis sich die Schalen geöffnet haben. Das Muschelfleisch ist nun gar und leicht zu entnehmen. Nach dem Kochvorgang noch geschlossene Muscheln sollten nicht gegessen werden, denn sie könnten verdorben sein.

Im Mai und Juni locken gebratene **Maischollen**. Eine besondere Delikatesse sind die kleinen **Nordseekrabben**, die eigentlich als Garnelen zu klassifizieren sind und auch »Granat« genannt werden. Ob als Krabbencocktail, Beilage oder einfach auf einer Scheibe herzhaften Schwarzbrots mit Butter – Krabben bieten in jeder Zubereitungsart einen Hochgenuss.

Küstenkauderwelsch

Ausdeichung
findet meist als Folge schwerer **Sturmflutkatastrophen** statt: Ein Seedeich wird mitsamt dem dahinterliegenden Land aufgegeben.

Backbord
ist die linke Seite eines Schiffes (in Fahrtrichtung), markiert durch eine rote **Signallampe**.

Bake
ist eine Landmarke, die der Schifffahrt als **Navigationshilfe** dient. Oft ist es ein Holzgestell mit einem zwecks leichterer Identifikation besonders markanten Aufbau, errichtet auf einer hohen Düne. Auf Norderney z.B. steht die sogenannte Postbake auf der östlichen Inselhälfte hinter dem Ostheller, eine andere Holzbake steht noch weiter östlich auf der Möwendüne. Eine spezielle Baken-Variante ist ein Kaap oder Kap. Hier ist der Aufbau unter dem hölzernen Topzeichen aus Stein gemauert. Vor dem Bau von Leuchttürmen stellte man in dunklen Sturmnächten offene Feuerschalen davor. Auch auf Norderney ist noch ein Kaap erhalten, es steht auf einer Düne an der Bürgermeister-Willi-Lührs-Straße.

Balje
heißt eine **Rinne** im Watt, die auch bei Ebbe meist noch schiffbar ist. Anleger wurden auf den Ostfriesischen Inseln meistens dort errichtet, wo eine Balje möglichst dicht an die Küste heranführte, damit man sie auch bei **niedrigerem Wasserstand** anlaufen konnte.

Bernstein
auch »Gold des Nordens« genannt, ist nicht erst seit dem Dinosaurier-Spektakel »Jurassic Park« ein begehrter **Strandfund**. Auch auf Spiekeroog werden hin und wieder versteinerte Stücke fossilen Harzes – nichts anderes ist Bernstein – angeschwemmt. Vor allem bei anhaltendem **Ostwind** besteht die Chance auf einen Fund. Am Spülsaum abgesetzter, dunkler Braunkohlengrus kann ein Indiz für eine potenzielle Bernsteinfundstelle sein.

Boßeln
heißt der ostfriesische »Nationalsport«. Die **Boßel** ist eine etwa 500 Gramm schwere Holzkugel mit Bleikern. Zwei Mannschaften treten gegeneinander an. Sieger ist, wer auf einer vorbestimmten Strecke – meist eine wenig befahrene Landstraße – die **Kugel** mit den wenigsten Würfen ins Ziel treibt. Der Spaß

➢ Luftblick auf Spiekeroog

hat einen ernsten Hintergrund: Einst benutzten die Friesen ihre Boßeln als Kriegswaffe.

Buhnen

sind rechtwinklig zum Ufer ins Wasser hinausgebaute **Dämme**. Diese Bauten lenken die Strömung ab, brechen die Kraft auflaufender Wellen und tragen als **Schlickfänger** zum Erhalt des Ufers bei. Norderney war 1857 die erste Ostfrieseninsel, die man mit diesen Küstenschutz-Bollwerken bestückte. Da fast alle Nachbarinseln an ihrer Westseite teilweise erheblichen Landabbbruch erlitten, zog man auf den anderen Inseln nach.

Duckdalben

sind Gruppen aus mehreren in ein Hafenbecken oder den Meeresboden gerammten **Pfählen**. Sie markieren schmale Wasserwege und dienen als Festmachplatz für Schiffe. Für die Herkunft der Bezeichnung gibt es verschiedene Theorien. Plausibel scheint die Ableitung von dem niederländischen Begriff »duiken« oder dem plattdeutschen »ducken«, was in beiden Fällen eine gehockte Stellung bezeichnet. Einige halten das Wort jedoch für eine Verballhornung des Namens »Duc d'Alba«. Der Herzog von Alba (1507 - 1582) kämpfte 1567 als Generalkapitän des spanischen Königs im Zuge der Religionskriege gegen die protestantisch-reformierten Niederländer.

Feuerschiffe

sicherten durch optische und akustische Signale die Passage vor besonders gefährlichen Fahrwassern im Bereich der Deutschen Bucht. Die verbesserten Reichweiten der an Land installierten **Seezeichen** und sicher auch die erheblichen Unterhaltskosten bewirkten in den 1980er

Jahren die Außerdienststellung der deutschen Feuerschiffe. Zwei der Veteranen lassen sich in der weiteren Umgebung Spiekeroogs besichtigen: Die im Borkumer Hafen stationierte »Borkumriff« dient als funktionstüchtiges Nationalparkschiff und Informationszentrum, die »Deutsche Bucht« in Emden beherbergt ein schifffahrtsgeschichtliches Museum.

Gat

ist eigentlich die plattdeutsche Bezeichnung für Loch oder Tor. Im Wattenmeer bezeichnet man so eine besonders tiefe und breite **Wasserrinne**. Ein derartiges Seegat bildet sich meist in Bereichen mit ausgeprägten Strömungsverhältnissen, beispielsweise zwischen zwei Inseln. So liegt zwischen den eng beieinanderliegenden Inseln Juist und Norderney das »Spaniergat«.

Grode

heißt das dem Watt vorgelagerte **Grünland** oberhalb des mittleren Tidehochwassers. Ist es von einem Grodendeich umschlossen, nennt man das Areal »Binnengroden«, liegt es außerhalb eines Deiches, lautet die Bezeichnung folgerichtig »Außengroden« oder »Heller«.

Lahnung

nennt man einen Busch-, Pfahl- oder Steindamm im Watt. Sie begünstigt die **Wattbodenaufhöhung** und Landgewinnung.

Lee

ist diejenige Seite eines Schiffes, die im **Windschatten** liegt. Wer spucken muss, sollte tunlichst diese Seite wählen ... denn von Luv bläst der Wind alles zurück, was man loswerden wollte.

Mole

Sie bietet der Schifffahrt einen durch den Molendamm geschützten **Ankerplatz**. Der Zugang zur offenen See ist schmal, selbst bei hohem Wellengang bleibt das Hafenwasser daher relativ ruhig. Der Spiekerooger Hafen wurde erst während der Weltkriege zum Molenhafen ausgebaut.

Pricken

markieren Fahrwasser im Watt. Meist sind es in kurzen Abständen in den Wattboden gesteckte **Birkenstämme**, von denen bei Flut nur die obersten Zweige sichtbar bleiben. Es handelt sich dabei also nicht um eine verzweifelte Wiederaufforstungsmaßnahme, wie der besorgte Binnenländer vermuten mag. Die Pricken müssen laufend erneuert werden. Stürme und Eisgang im Winter beschädigen sie häufig. Feste Markierungen wären jedoch sinnlos, weil sich die Strömungsverhältnisse und damit auch die Verkehrswege im Watt ständig verändern.

Priel

ist kein Geschirrspülmittel, sondern eine flache **Wasserrinne** im Watt, die sich bis zum Strandbereich fortsetzen kann. Selbst bei Niedrigwasser fallen Priele meist nicht ganz trocken. Tiefere Priele oder gar Baljen können für unkundige Wattwanderer ein erhebliches Risiko bedeuten, da sie sich bei einsetzender Flut schnell mit Wasser füllen. Ihre Tiefe und die in ihnen meist enorm starke Strömung machen eine Durchquerung dann unmöglich. Der Rückweg zum Ufer kann so plötzlich abgeschnitten sein.

Auf Reede

liegen die Schiffe außerhalb eines Hafens, entweder auf **Warteposition** oder vor Anker. Vor dem Bau eines Anlegers waren Spiekeroog anlaufende Schiffe mit größerem Tiefgang gezwungen, weit vor der Inselküste »auf Reede« zu verweilen. Wer an Land wollte, musste in ein kleines Ruderboot umsteigen.

Seedeiche

auch Winterdeiche genannt, bieten den **Hauptschutz** vor Sturmfluten.

Siel

ist ein mit Toren bestückter **Deichdurchlass**, der nach dem Ventilprinzip funktioniert: Bei Flut schließen sich die Tore durch die Kraft des dagegendrückenden Wassers. Der Ebbstrom öffnet das Siel wieder, das dahinterliegende Wasser aus einem Fluss oder Kanal kann abfließen. Alte Sieltore sind in einigen ostfriesischen Hafenorten zu sehen und prägten oft sogar den Ortsnamen: Greetsiel, Neuharlingersiel oder Carolinensiel sind bekannte Beispiele dafür.

Sommerdeich

Er liegt als etwas niedrigere Anlage zwischen Meer und Hauptdeich, schützt neu gewonnenes **Vorland** und bietet zusätzlichen Flutschutz.

Steuerbord

nennt man die rechte Seite eines Schiffes (in Fahrtrichtung), markiert durch eine **grüne** Signallampe.

Warf

auch Warft oder Wurt genannt, war vor der Anlage der ersten Deiche (an der ostfriesischen Küste um 1000 n. Chr.) der einzige **Flutschutz** für die Bevölkerung. Auf den einige Meter hoch aufgeschütteten Erdhügeln errichteten die Friesen ihre Behausungen als letzten Fluchtpunkt, wenn die Naturgewalten wieder einmal für »Land unter« sorgten. Auch nach der Errichtung von Deichen erfüllten alte Warfen im Falle eines Deichbruchs noch manches Mal ihre angestammte Funktion.

Platt am Watt – Sprachverwirrungen

Wenn zwei Spiekerooger plattdeutsch sprechen, ist für den in dieser Hinsicht nicht besonders versierten Binnenländer kaum etwas bis gar nichts zu verstehen. Ein schlichtes »Moin!« versteht natürlich noch jeder, ohne dabei zu ahnen, dass in diesem universellen **Grußkürzel** nicht das Wort »Morgen« steckt. Das »Moin!« beinhaltet nicht nur einen »Schönen Morgen«, sondern auch einen schönen Tag und schönen Abend, ist also den ganzen Tag anwendbar, denn »moij« heißt »schön«.

Völliges Unverständnis in Sachen Plattdeutsch kann zu erheblichen **Missverständnissen** führen. Wenn der Pensionswirt murmelt, man könne ein »Küssen« haben, winkt nicht etwa ein amouröses Nordseeabenteuer, sondern der gute Mann bietet lediglich ein Kissen (Küssen) an.

Plattdeutsch ist nicht zu verwechseln mit **friesischer Sprache**. Friesisch war einst die Landessprache. Noch um das Jahr 800 herum wurde entlang der Nordseeküste von Flandern bis zur Grenze Jütlands sowie mehr oder minder tief landeinwärts friesisch gesprochen, selbstverständlich mit Ausprägung lokaler Dialekte. Das **Friesische** ist keine deutsche Mundart, sondern eine eigenständige Sprache, ein Zweig der englisch-friesischen Spracheinheit, die aus dem Westgermanischen hervorgegangen ist, und am nächsten mit dem Angelsächsischen verwandt.

Im Zuge der **Reformation** verdrängte im Bereich der ostfriesischen Küste zwischen Weser und Ems das Plattdeutsche zunehmend die friesische Sprache. Etwa in der Mitte des 17. Jahrhunderts begann man in Norddeutschland und im lutherischen Teil Ostfrieslands, das Plattdeutsche zumindest im Amtsgebrauch und an den Schulen durch Hochdeutsch zu ersetzen. **Emden** sowie andere calvinistisch-reformierte Bereiche Ostfrieslands gingen jedoch zur niederländischen Sprache über. Im 18. Jahrhundert betrug der niederländische Anteil unter den in Emden erschienenen Druckwerken bis zu 71 Prozent. Bis 1879 wurde in Emdener Kirchen holländisch gepredigt. Noch heute benutzen auch die Spiekerooger manche Worte, die dem Niederländischen entnommen sind: Der berühmte **»Elfürtje«** (Elf-Uhr-Tee) ist ein Beispiel dafür, aber auch der »Poller« oder »Polder« (neu eingedeichtes, angeschlicktes Marschland). Ist dagegen beispielsweise von Füßen die Rede, ist die ebenfalls vorhandene Anlehnung an die englische Sprache un-

➢ Vom Meer aufgeschäumte Gischt

verkennbar: Die heißen auf Spiekerooger Platt, very British, schlicht **»Footen«**.

Erst spät wurde auf der Insel Hochdeutsch als **Amtssprache** eingeführt. Es ist daher zu verstehen, dass viele Spiekerooger während der Anfänge des Fremdenverkehrs auf der Insel um 1840 arge Bedenken hatten, ob zwischen ihnen und den »dütsen« Gästen überhaupt eine Kommunikation möglich sei.

Heute ist das **Inselplatt** auf Spiekeroog durchaus noch in Gebrauch, aber im Umgang mit Hochdeutsch, anderen Dialekten und fremden Sprachen sind die Insulaner längst versiert – 150 Jahre Fremdenverkehr blieben da nicht folgenlos. Wer die Gelegenheit hat, einmal einem längeren auf Plattdeutsch geführten Gespräch zu lauschen, wird rasch ein vielleicht bis dahin gehegtes Vorurteil begraben, die Sprache der Küste würde plump klingen. Als Paradebeispiel dafür mag ein schöner Satz gelten, der inhaltlich das Dilemma eines gescheiterten Liebespaares kommentiert: »Wenn he nei son hart Hart hatt har, har he hör hatt!« (Wenn er nicht so ein hartes Herz gehabt hätte, hätte er sie gehabt.)

Literaturtipp:

Hartmut Cyriacks, Peter Nissen: Sprachführer Plattdüütsch. Ein Lehr- und Lernbuch. Quickborn Verlag, Hamburg 2003

Geschichte

Von der Sandbank zur Grünen Insel

»In den Hütten gleichen sie Seefahrern«

Vor 12.000 Jahren lag Spiekeroog im Binnenland. Während der letzten Eiszeit verlief die Küstenlinie auf einer Höhe zwischen Skagerrak und Newcastle. Großbritannien ließ sich trockenen Fußes vom Kontinent aus erreichen, und nördlich der Doggerbank lagen die Mündungen von Elbe und Themse in trauter Nachbarschaft zueinander. Die **Doggerbank** liegt heute 13 Meter unter dem Meeresspiegel, doch noch immer finden sich hin und wieder in den Schleppnetzen der Fischer Knochenreste längst ausgestorbener Urzeittiere - über 2000 Backenzähne vom Mammut, Skeletteile vom wollhaarigen Nashorn, Riesenhirsch, Wisent und Höhlenbär.

➢ Strandhafer

Hunderte von Kilometern lag das damalige Ufer von der jetzigen Küste entfernt. Keine idealen Bedingungen also für Spiekerooger Badekuren, was allerdings niemanden störte - zu dieser Zeit existierte das Eiland noch nicht, ebensowenig wie die ostfriesischen Nachbarinseln.

Nach dem Ende der Eiszeit senkte sich der Boden, die Nordsee flutete an die heutige Küstenlinie heran und begrub unter ihren Wassermassen zunächst auch den Teil des Festlandes, der sich auf dem späteren Areal Spiekeroogs befand. Doch was Wind und Wellen genommen hatten, bauten sie im Falle der **Ostfriesischen Inseln** langsam wieder auf. An der Abbruchkante zwischen seichtem Watt und tieferem Meeresboden bildeten Ablagerungen von Sandpartikeln und Schlick eine Sandbank. Als diese Barriere schließlich die mittlere Hochwassermarke überragte, übernahm der Wind die Rolle des Landschaftsarchitekten. Er blies Dünenketten auf und wehte die Samen der Binsenquecke, des Strandhafers und anderer Pionierpflanzen herbei, deren hartnäckige Wurzeln die fragilen Sandgebilde festigten. Im Falle Spiekeroogs lassen wissenschaftliche Untersuchungen vermuten, dass bereits um die Zeitenwende der Grundstock der späteren Insel in Form einer hochwasserfreien Sandplate existierte, deren Position sich allerdings etwas westlich der heutigen Insellage befand.

Auf Dauer bleibt kaum eine Landschaft menschenleer. Wann die Sandbänke zu bewohnten Inseln avancierten, ist nicht mehr zu klären. Das Leben der ersten Siedler auf den **Sandbollwerken** vor der rauen ostfriesischen Küste wird in frühesten Zeiten nicht allzu bequem gewesen sein. Zwischen ihrem Lebensstandard und dem der Römer, die noch vor Beginn der christlichen Zeitrechnung Expeditionen in die Nordsee schickten, lagen mit Sicherheit Welten. Strabo, griechischer Geograf und Geschichtsschreiber in römischen Diensten, berichtet von der Besetzung einer in der Emsmündung gelegenen Insel namens »Burchana« durch Truppen des Feldherrn Drusus im Jahre 12 v. Chr. Auch Plinius der Ältere (23–79 n. Chr.) betätigte sich als lokaler Chronist, indem er beschreibt, dass die der ostfriesischen Küste vorgelagerten Inseln den römischen Soldaten »durch ihre Waffen bekannt wurden«, und erwähnt, die Insel **»Borcana«** werde von den Truppen wegen ihres »Reichtums an wild wachsenden Hülsenfrüchten Fabaria (Bohneninsel) genannt«. Ob nun das hier vermutlich beschriebene Borkum seinerzeit mit Spiekeroogs westlichen Nachbarinseln Juist und Norderney eine einzige Großinsel bildete, wie eine (bislang unbewiesene) Theorie behauptet, oder eben nicht – sicher ist, dass der vorhandene Bohnenreichtum die Römer wenig beeindruckt hat.

Die weiteren Beschreibungen Plinius' lassen vermuten, dass der zivilisationsverwöhnte Weltbürger angesichts der unkomfortablen Lebensverhältnisse auf den Inseln einen regelrechten Kulturschock erlitt: »Dort bewohnt ein beklagenswert armes Volk hohe **Erdhügel**, die man so hoch aufgeworfen hat, wie erfahrungsgemäß die höchste Flut steigt. In den darauf errichte-

➢ Die goldene Sonnenscheibe (Ø 14,5 cm) wurde 1910 in Moordorf bei Aurich gefunden. Man nimmt an, dass sie bei kultischen Handlungen von Sonnenverehrern auf einem Wagen umhergefahren wurde.

Nicht nur Bohnen

Es ist freilich wahr, daß der Insulaner mit einiger Mühe seinen Garten anlegen muß. Heget er aber mit einer dichten Stakete seinen Grund ein, um ihn vor den rauhen Nordwinden und der Überschüttung mit Flugsande zu sichern, so kann er auch den frohen Gedanken bei sich nähern, deine angewandte Kunst schafft dir aus dürrem Sande einen dir wohlschmeckende Früchte erzielenden Garten. Die Wurzelgewächse, z. B. Möhren, Rüben, Kartoffeln, u.s.w. sind von sehr gutem Geschmacke. Weniger gerathen die Hülsenfrüchte als Erbsen, türkische Bohnen oder Phaseolen u.s.w. Kohl- und Salatgewächse haben bei der jetzt noch so sehr vernachlässigten Gartencultur, wegen des stäten Sandstäubens sehr wenig Fortkommen. Muß man nicht glauben, daß auf den Inseln, die mit der Bohneninsel der Römer (*Borkum*) gleichen Boden haben, die große Gartenbohne und die Pferdebohne, (*Vicia faba, Faba minor feu equina*) gut gedeihen werde? Sollten die Kohlrüben über der Erde und die Kohlrüben unter die Erde (*brassica gongylodes, B. napobrassia*) dort nicht gut wachsen? Die Cultur des Obstes ist bis jetzt fast gänzlich vernachlässigt. Man siehet einzelne wenige Apfel- und Birnbäume bei den Häusern. Auf *Wangeroog* standen vormals viele Kirschbäume. Die Jeveraner ließen sich Propfreiser und junge Stämme von dort bringen, um die wohlschmeckende, sogenannte *Wangerooger-Kirsche* auf dem Continente zu vervielfältigen. Jetzt sieht man nur noch einige Obstbäume im Garten des industriösen Voigts. Auf *Norderney* läßt die patriotische Ostfriesische Landschaft jetzt Obst- und wilde Bäume anpflanzen. Von den wilden Bäumen gedeihet der Hollunder, die Weide und der Schwarzdorn vorzüglich. Sollte die Sandbeere (*Arbutus uva ursi*), die Berberitze, der Brombeerstrauch, der Haselstrauch, die Preusselbeere, die Rainweide (*Ligustrum vulgare*), der Taxus, der Wacholder, der Weiß-

dorn (*Crataegus oxycantha*) die Himbeere u.s.w. dort nicht wachsen? Stachelbeeren, Johannisbeeren und Rosensträuche habe ich in mehreren dortigen Gärten gesehen. Alle diese Inseln die gleiches Klima und gleichen Boden, nur in mehr oder weniger Morgenzahl haben, können auch gleiche Producte liefern und würden gewiß mehrere Gewächse gut emporbringen. Falls die Bewohner derselben nur die Cultur des Bodens mehr sich angelegen seyn ließen und Versuche mit allerlei Bäumen, Sträuchen, Garten- und Futterkräutern machen wollten. Ich habe auf mehreren Wiesen sehr guten weißen Klee und in einigen Gärten, als in dem des Voigts zu Wangerooge, Rosen, Nelken, Rittersporn, Stockrosen, Levkojen und andere schön blühende Blumen gesehen. Das *Tausendguldenkraut* (*Centaurea minus L.*) wird, wenn es blühet, vorzüglich auf *Norderney* zum Verkaufe gesammelt. Diese Pflanze wird mit Ausschluß der Wurzel auf Branntwein oder Genever gesetzt, und wird so extrahiret als Stomachale gleich dem Wunder thun sollenden Elixir Rob. Whytii in Ostfriesland gebraucht. Es wäre zu wünschen, daß diese Pflanze, und in Jeverland, der Seewermuth (*Artemisia Absinthium. L.*) der an den Jeverischen Küsten in großer Menge zum Verkaufe gesammelt wird, bloß als Arzeneimittel möchte benutzt werden, um ihre wohlthäthige Kraft desto mehr verehren zu können. Jetzt, da die Essenz und der Extract aus diesen Pflanzen der Universal-Medicin, wie beim Bauer der Genever dienen soll, muß jeder Verehrer des Aeskulap's ihre Einführung als eine endemische Krankheit betrachten. Wäre der Insulaner auf Abwechselung bei seinen Nahrungsmitteln bedacht, so würde er den krautartigen Glasschmalz (*Salicornia herbacea L.*)* nicht so ruhig auf seiner Insel und am Strande des gegenüberliegenden festen Landes wachsen lassen. Auf den Gipfeln der Sanddünen habe ich selten ein anderes als das Rupperzkraut (*Geranium Robertianum. L.*) gefunden. In den Thälern aber hat die Flora manche schöne Gabe gespendet.

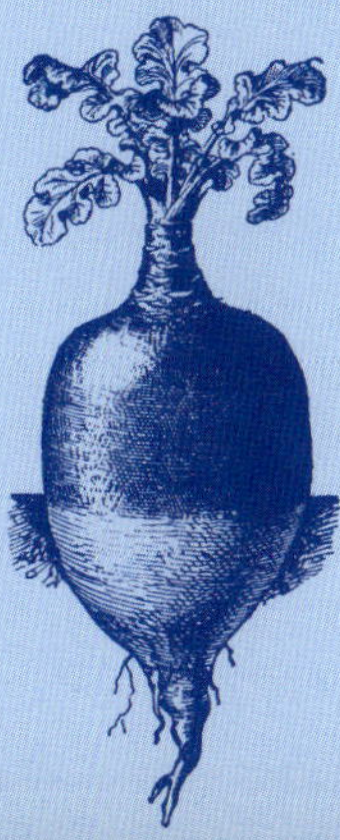

* Auch Quendel und Krükfus genannt; als Salat und Gemüse zu verzehren.

Diedrich Heinemeyer (Jever), in: Allgemeine Geographische Ephemeriden. Weimar 1804, S. 139–142

➢ Emden nach einer Merian-Ansicht aus der 1. Hälfte des 17. Jahrhunderts

ten Hütten gleichen sie Seefahrern, wenn das Meer das Land ringsumher überflutet, und Schiffbrüchigen, wenn das Wasser zurückgeflutet ist. Um die Hütten herum fangen sie die Fische, die mit dem Meer zurückfliehen. Diese Menschen können kein Vieh halten und sich nicht wie ihre Nachbarn von Milch ernähren. Aus Schilf und Binsen flechten sie Stricke für ihre Netze. Und mit den Händen formen sie den Schlamm und lassen ihn an der Sonne trocknen. Darauf kochen sie ihre Speisen und wärmen daran ihre vom Nordwind erstarrten Glieder. Zum Trinken haben sie nur das Regenwasser, das sie in Gruben am Vorplatz ihrer Häuser aufbewahren. Wenn diese Menschen nun aber vom römischen Volk besiegt werden, dann reden sie von **Sklaverei**.«

Dieser letzte Satz zeugt vom völligen Unverständnis des Römers für die Lebensumstände der Ostfriesen, die ihr sicher einfaches, aber freies Dasein dem Joch einer Fremdherrschaft vorzogen.

Für ihre Freiheit kämpften die Ostfriesen unerbittlich. Das bekamen sogar die gefürchteten Wikinger zu spüren, die im 9. Jahrhundert mehrfach die **Nordseeküste** überfielen und sogar Teilgebiete längere Zeit beherrschten. In einer legendenumwitterten, vermutlich bei Norden ausgetragenen Entscheidungsschlacht wurden die Eindringlinge

➢ *Ostfrieslandkarte nach Ubbo Emmius von 1730*

von den Friesen jedoch endgültig vertrieben.

Land hinter Deichen

Um die Jahrtausendwende herum revolutionierte der Deichbau das Leben an der Nordseeküste. Vorher schützten die exponiert im Bereich von Ebbe und Flut lebenden Einheimischen ihren Besitz und sich selbst individuell durch die Anlage der Warfen, die schon Plinius kopfschüttelnd beschrieben hatte. Ein Deich, der als Bollwerk gegen die Flut ganze Ländereien schützen sollte, ließ sich nur durch Neuorganisation des Gemeinschaftslebens und die Zusammenarbeit unterschiedlicher Gruppen realisieren. Tief greifende gesellschaftliche Veränderungen waren die Folge. Hatte es zuvor in **Friesland** wie auch in anderen Gegenden Freie, Halbfreie und Unfreie gegeben, brachte der Einsatz beim Deichbau den Mitgliedern aller Stände die persönliche Freiheit.

»Gott schuf das Meer, der Friese die Küste«, lautet ein etwas unbescheidener Wahlspruch, der diese Leistung kommentiert. Doch wer letzten Endes bei der Uferliniengestaltung der maßgeblichere Architekt blieb, sollten die Inselbewohner während vieler verheerender Sturmfluten noch schmerzlich erfahren. Falls es jemals eine Groß-

➢ Edzard der Große von Ostfriesland, aus dem Geschlecht der Cirksena (um 1415)

insel in der Emsmündung gegeben hat, gab es sie im 13. Jahrhundert jedenfalls nicht mehr. In den Berichten der **Kreuzritter** wäre sonst sicher diese Insel genannt, denn 1227 sammelte sich die Flotte der friesischen Kreuzfahrer vor Borkum zum fünften Kreuzzug unter Friedrich II. (1194 - 1250). Der Staufer konnte mit den Kampfgenossen von der Nordseeküste zufrieden sein. Schließlich gelang es ihm mit ihrer Hilfe, sich 1229 zum König von Jerusalem krönen zu lassen.

Zum siebten Kreuzzug unter Ludwig IX. (1214 - 1270), zu dem auch die **Dominikanerbrüder** des Klosters Norden aufriefen, sammelten sich wieder 50 stolze Friesenkoggen vor Borkum. Doch diesmal stand das Unternehmen, an dem sich vielleicht auch Spiekerooger beteiligten, unter einem unglücklichen Stern. Widrige Winde hielten die Flotte volle drei Wochen vor der Insel fest, und die Mannschaften hätten besser daran getan, gleich in der Heimat zu bleiben. Vor Tunis erlag Ludwig wie die Mehrzahl seiner Truppen rasch ausbrechenden Seuchen.

Sturmflut und Piraten

Während der sogenannten »Häuptlingszeit« (um 1350–1464) war Ostfriesland in die Machtbereiche diverser Lokalfürsten zersplittert. Die Inseln gehörten zeitweise zum Herrschaftsgebiet des Häuptlings **Widzel tom Brok**. Unter der Protektion dieser Sippe richtete sich der berüchtigte Seeräuber Klaus Störtebeker seinen Stützpunkt in Marienhafe ein. Widzel tom Brok ist die erste urkundlich überlieferte Erwähnung Spiekeroogs zu verdanken: 1398 trug er dem Herzog Albrecht von Bayern, der zugleich Graf von Holland war, das Lehen über »Borkyn, Just, Burse, Osterende, Balteringe, Langoch, Spiekeroch ende Wangeroch« an.

»Spiekeroch« oder später »Spiekeroog« steht vermutlich für »Speicherinsel«. Dass die Insel zu früheren Zeiten Seeräubern als Zwischenlager geraubter Güter diente und so zu ihrem Namen kam, ist nicht unwahrscheinlich. Über die Inselbewohner sagt die Urkunde von 1398 nichts aus. Sicher ist jedoch, dass ihr Dorf sich nordwestlich der heutigen Siedlung befand – an einem Ort, den jetzt längst die Nordsee überspült. Spiekeroog war damals wesentlich kleiner als heute und weiter westlich gelegen. Südöstlich war die kleine Insel Lütjeoog vorgelagert, im Osten die Insel Oldeoog. Beide Inseln wuchsen im Verlauf des 17. und 18. Jahrhunderts durch die West-Ost-Verschiebung sowie Sandanlagerungen allmählich mit **Spiekeroog** zusammen.

Welche Gestaltungskraft die Meeresströmung ausübt, zeigt auch das Beispiel der Ostfrieseninsel Norderney. In der urkundlichen Aufzählung von 1398 fehlt der Name dieser Insel. Zwischen Juist und Baltrum lagen zwei Inseln, Buise (»Burse«) und Osterende. Buise war einst eine nicht unbedeutende Insel, doch die gewaltigen Sturmfluten des 14. Jahrhunderts teilten es. Die größere Restinsel behielt den Namen Buise. Den nunmehr abgesprengten, östlich gelegenen Bereich nannte man Osterende. Später wurde daraus Norderney, Buise dagegen versank restlos in der Nordsee.

Neben den Naturgewalten waren die Insulaner auch politischen Wirren ausgeliefert. Spiekeroog gehört zum **Harlingerland**, das einige Zeit sogar mit der Hauptstadt Esens als eigenständiges Land neben Ostfriesland bestand. Von wirksamem militärischen Schutz weit entfernt, bot Spiekeroog feindlichen Überfällen ein leichtes Ziel. So verloren manches Mal die ohnehin nicht übermäßig begüterten Bewohner ihre Habe durch Plünderungen. 1448 beklagte der Graf Ulrich von Cirksena in einem Brief den Überfall feindlicher Häuptlinge auf Spiekeroog, bei dem 100 Schafe geraubt worden seien. Auch Seeräuber »versorgten« sich auf ihre Weise auf der Insel.

Durch die beginnende Reformation wurde die Situation für die Spiekerooger in der zweiten Hälfte des 16. Jahrhunderts noch problematischer. Ostfriesland wurde protestantisch, das Harlingerland blieb zunächst katholisch und zählte zeitweise sogar zum spanischen Lehensgebiet. Balthasar von Esens, Harlinger Landesherr, kaperte vor seiner Küste Schiffe der Protestanten. Die Vergeltungsschläge, unter anderem aus Bremen, trafen die Spiekerooger: Zwei **Bremer Schiffe** erschienen vor der Insel, und 40 Mann »steckten 19 Häuser in Brand und nahmen einen armen Pastor mit fort«.

Als Störtebeker nach Ostfriesland kam

Vom Jadebusen bis zum Dollart säumt die »Störtebeker-Straße« die ostfriesische Festlandküste. Fantastische Geschichten von gekaperten Koggen, sagenhaften Schätzen und gruseligen Grausamkeiten kommen jedem Besucher Ostfrieslands eher früher als später zu Ohren. Und im Zentrum fast aller geheimnisumwitterten Berichte steht der legendäre Klaus Störtebeker.

Die Fama verfremdet vieles. Die Facetten des überlieferten Störtebeker-Bildes reichen vom Typus des blutrünstigen Rohlings bis zum edelmütigen Charakter eines Robin Hood der Meere – es lässt sich eben alles Mögliche behaupten über einen Mann, der seit 600 Jahren tot ist. Sicher ist nur, dass er tatsächlich existierte, seiner seeräuberischen Profession auch in ostfriesischen Gewässern nachging und nach dem 20. Oktober 1401 auf dem Hamburger Grasbrook enthauptet worden ist. Und »Störtebeker« ist höchstwahrscheinlich nicht der Geburts-, sondern sozusagen ein Künstlername. Das auf Hochdeutsch so viel wie **»Becherstürzer«** bedeutende Pseudonym leitete sich angeblich aus der grandiosen Angewohnheit des trinkfesten Klaus ab, mehrmals täglich seinen enormen Bierkrug restlos zu leeren. Wer nun insgeheim denkt, das schaffe er schließlich auch, sei auf folgende Modalitäten hingewiesen: Störtebeker trank, ohne abzusetzen – und der Krug fasste sechs Liter.

Die Geschichte der »Vitalienbrüder« oder **»Likedeeler«** (»Gleichteiler«, denn alle Besatzungsmitglieder erhielten den gleichen Beuteanteil) begann eigentlich auf der Ostsee. 1389 ließ die dänische Königin Margarete I. ihre Truppen gegen Schweden vorgehen. Obwohl der Schwedenkönig Albrecht III. bald in Gefangenschaft geriet, widerstand die Stadt Stockholm hartnäckig der Belagerung, der Konflikt zog sich hin. König Albrecht war auch Herzog von Mecklenburg. Die Meck-

➢ Angebliches Porträt von Klaus Störtebeker. Der Kupferstich von Daniel Hopfer entstand um 1550 und stellt tatsächlich den Hofnarren Maximilians I., Kunz von der Rosen, dar

lenburger begannen nun ihrerseits gegen Dänemark vorzugehen, allen voran die Hansestädte Rostock und Wismar. In Ermangelung eigener Truppen besannen sich die Honoratioren auf ein ebenso probates wie preisgünstiges Mittel der Kriegsführung. Sie statteten eine Horde wilder Abenteurer mit **Kaperbriefen** aus. Der offizielle Auftrag lautete zwar, nur feindliche - also dänische - Schiffe anzugreifen, aber auf Dauer konnten die Piraten mit der Lizenz zum Kapern den Verlockungen der sich zahlreich bietenden Möglichkeiten, wohlbeladene Handelsschiffe anderer Nationalitäten kurzerhand aufzubringen, nicht widerstehen. Nachdem sich die Vitalienbrüder (Ableitung von »Viktualien« = Lebensmittel) auf **Gotland** einen strategisch günstigen Stützpunkt verschafft hatten, brachten ihre Aktivitäten den Ostseehandel während der 90er Jahre des 14. Jahrhunderts zeitweise fast zum Erliegen.

Am 21. März 1398 kam für die Vitalienbrüder mit der Landung eines Expeditionskorps des Deutschen Ritterordens das Ende der gotländischen Ära. In der Ostsee hatten sie fortan ausgespielt. Was lag also näher als ein Wechsel in die Gefilde der Nordsee? **Ostfriesland** bot mit zahlreichen Buchten, Kanälen und Flüssen eine Vielzahl geeigneter Schlupfwinkel, vor der Küste versprach die Schiffsroute zwischen Hamburg, Bremen und der Ärmelkanal-Region reiche Beute. Besonders famos war jedoch die Tatsache, dass die lokale Obrigkeit sie nicht nur unbehelligt ließ, sondern sogar mit offenen Armen empfing.

Während der sogenannten **»Häuptlingszeit«** (um 1350–1464) verteilte sich die Macht im Lande auf eine ganze Anzahl regionaler Herrscher, die sich in bunt wechselnden Allianzen befehdeten. Als sichtbares Zeichen ihrer bevorzugten Stellung galt meist ein Steinhaus, eine »Burg«, deren Errichtung den Friesen nach alten Rechtssatzungen untersagt war.

Beim Ausfechten nachbarschaftlicher Streitigkeiten waren die ostfriesischen Häuptlinge in der Wahl ihrer Mittel alles andere als zimperlich. Noch heute erzählt man schaudernd die Geschichte von **Edo**

➢ Historische Ansicht der Marienkirche in Marienhafe mit dem sechsstöckigen Störtebekerturm

➢ Zwei Schädel von enthaupteten Seeräubern im Museum für Hamburgische Geschichte

Wiemken, Häuptling der Herrschaft Jever. Als seine Schwester von ihrem Ehemann, dem Häuptling von Esensham, verstoßen worden war, nahm Wiemken seinen Schwager Husseke Hayen gefangen, ließ ihn wochenlang foltern und schließlich in zwei Hälften sägen - mittels eines feuchten Hanfseils.

Dieser sympathische Mensch soll als erster der Häuptlinge den Vitalienbrüdern Unterschlupf gewährt haben. Andere folgten bald seinem Beispiel. So soll Klaus Störtebeker die Tochter des Häuptlings Keno tom Brok geheiratet und den **Kirchturm von Marienhafe** zum Räuberhauptquartier gemacht haben. Die Leybucht reichte seinerzeit bis zur Kirche heran. Noch heute kursieren wunderbare Erzählungen von dem Störtebeker-Schiff, das unter vollen Segeln bis zur Kirche braust, um direkt am Gemäuer festzumachen. In der Marienhafer Kirche kündet ein sehenswertes **Störtebeker-Museum** von den finsteren Aktivitäten des prominenten Piraten.

Bessere Hilfstruppen als die Vitalienbrüder gab es nicht: Sie waren kampferprobt, mobil und versorgten sich selbst. Überdies füllte der Handel mit ihrem Beutegut manch leere Kriegskasse. Natürlich versuchten die Kaufleute der **Hanse**, gegen diese geschäftsschädigenden Praktiken vorzugehen. Doch kaum hatten ihre Soldaten und Unterhändler einen Häuptling in die Knie gezwungen und den Seeräubern so die Landbasis entzogen, heuerten die Piraten bei einem benachbarten Clanchef wieder an. Erst im **April 1400** gelang einem hanseatischen Geschwader der alles entscheidende Schlag. In der Osterems vor Borkum stellte es drei Piratenschiffe. 80 von 200 Vitalienbrüdern wurden im Kampf getötet, weitere 25 später an Land gefangen genommen und nach kurzem Prozess gehenkt.

Unter den wenigen Männern, denen die Flucht gelang, befanden sich auch die berüchtigten Anführer **Godeke Michels** und Klaus Störtebeker. Doch ihre Tage waren gezählt. **1401** nahmen die Hamburger Störtebeker gefangen, im Jahr darauf auch Godeke Michels. Irgendwann nach dem 20. Oktober 1401 schlug des sagenhaften Störtebekers letztes Stündlein, gemeinsam mit 72 seiner Kumpanen. Und wer überhaupt je irgendetwas über diese Inkarnation eines Piraten gehört hat, weiß von seinem finalen Pokerspiel mit dem Scharfrichter: Störtebeker bot an, nach seiner Enthauptung noch die Reihe seiner angetretenen Kameraden entlangzulaufen – wen er derart passiert hätte, sollte der Todesstrafe entgehen. Scharfrichter Rosenfeld schlug erst ein – dann zu und musste erleben, wie sich der kopflose Pirat in Bewegung setzte. Als Mann der Praxis verlor Rosenfeld jedoch nicht die Übersicht. Er stellte Störtebeker ein Bein (was für den Piraten aus nahe liegenden Gründen nicht zu sehen war) und setzte so dem Spuk ein krachendes Ende.

Immerhin – das sicherlich ereignisreiche Leben des Klaus Störtebeker endete mit einer Erinnerung an Ostfriesland, wenn man an die Authentizität seiner angeblich letzten Worte vor der Exekution glauben mag: »Ich ertrage die langsam berechnende Weise nicht, wie Ihr klug und schlau, ja mit List Euren Reichtum zusammenschart, von dem niemand einen Nutzen hat, wenn Ihr in Eurem Wohlleben auch noch so ernst und ehrbar dreinschaut. Dieses erinnert mich an ein Bild, das ich an der Kirchenwand in Marienhave abkonterfeit sah: Der Fuchs steht auf der Kanzel und predigt den Leuten Moral, Gehorsam und Frömmigkeit. Ich aber griff kühn hinein und nahm rasch, während Ihr spekulierend zu Werke geht. Eure Weise lobt die Welt, weil sie nicht hinter Eure Schliche zu sehen vermag; meine Weise zu nehmen verurteilt sie, und doch bleibt sich die Sache auf ein Haar gleich.«

Informationen:

- Störtebeker-Museum in der Kirche zu Marienhafe, April–Okt Di–Sa 10–12 und 14–17 Uhr, So und feiertags 14–17 Uhr, Gruppenführungen nach Voranmeldung, Tel. 0175/4885259

➢ Das Störtebeker-Denkmal in Marienhafe

➢ Walfänger bei der Arbeit

1570 ereilte Spiekeroog die nächste Plünderung. Philipp II., fanatischer Anhänger des Papstes und König von Spanien, Süditalien und den Niederlanden, ließ durch das Regime seines Vasallen Herzog Alba die protestantisch gewordenen Holländer terrorisieren. Die Unterdrückten bildeten eine eigene Seestreitmacht, die gefürchteten »Wassergeusen«. Die Bezeichnung »Geuse«, eine Ableitung des Französischen »gueux« (Bettler), kam auf, weil Mitglieder des niederen, nicht allzu wohlhabenden Adels den Kampfbund gründeten. Die Wassergeusenflotte setzte den Spaniern in den ihr wohlvertrauten Wattenmeergewässern schwer zu. Da den Wassergeusen auch das harlingische Spiekeroog als Feindesland galt, überfielen sie es im Februar 1570 und plünderten es ebenso wie bereits wenige Tage zuvor die Nachbarinsel Wangerooge.

Noch im November desselben Jahres zerstörte die Allerheiligenflut etliches Besitztum, das den Angriff der Wassergeusen überstanden hatte. In der Folge verlegten die Spiekerooger ihr Dorf, dessen Standort sie früher bereits einmal nach Osten verlagert hatten, allmählich in den heutigen Ortsbereich, wo eine geringere Gefährdung durch Sturmfluten bestand.

1581 vereinte die Heirat der Gräfin Walpurgis von Rietberg mit dem ostfriesischen Landesherrn Enno III. das Harlingerland endgültig mit **Ostfriesland**. Für die Insulaner bedeutete der Herrschaftswechsel zunächst das Ende der steten Überfälle. Welcher Graf sie regierte, war ihnen ansonsten vermutlich relativ egal. Zu Gesicht bekamen sie die jeweiligen Landesoberen ohnehin kaum jemals. Lokaler Vertreter der Obrigkeit war der Inselvogt, dem es oblag, die Steuern einzutreiben und im Falle der Strandgutbergung dafür zu sorgen, dass der Graf das ihm dabei zustehende Drittel erhielt.

Muschelkalk und Walspeck

Das neue Dorf wuchs. Um 1680 zählte Spiekeroog 19 Häuser mit 110 Bewohnern, die sich 1696 eine neue **Kirche** bauten – heute als »Alte Inselkirche« die älteste noch erhaltene Kirche auf den Ostfriesischen Inseln. Man lebte vom Fischfang, von der Bewirtschaftung der kleinen, oft versandeten Hellerflächen und der Gewinnung von Muschelschill, das als Rohstoff an Kalkbrennereien auf dem Festland geliefert wurde. Viele Spiekerooger fuhren zur See, um sich und ihre Familien zu ernähren. Nicht selten »blieben sie auf See« – verunglückten also bei Schiffsunfällen oder starben unterwegs an Krankheit. Die meisten fuhren auf deutschen oder europäischen Küsten-Kauffahrteischiffen, was riskant genug war. Einige jedoch heuerten auf **Walfangschiffen** an. Der Job war lukrativ, aber äußerst gefährlich. Die meist dreimastigen, selten mehr als 300 Tonnen schweren Segelschiffe segelten im März/April aus den heimischen Gewässern bis zur grönländischen Küste – weit über den nördlichen Polarkreis hinaus. Ziel der Jagd war das Sommerrevier des Grönlandwals, dessen Tran und Fischbein als begehrte Handelsgüter galten. Die Wale wurden von kleinen Schaluppen aus mit Handharpunen gejagt, mit Lanzen getötet und schließlich längsseits am Rumpf des Walfangschiffes befestigt und abgespeckt. Mit Steigeisen und an langen Stielen befestigten Messern bewaffnet, stiegen die Speckschneider auf den glitschigen Leib des Beutetieres, um die Speckschwarten herunterzuschneiden, aus denen man den Tran herauskochte.

Bei dieser Art Jagd lag das Risiko mindestens ebenso bei den Jägern wie bei den Gejagten. Schlagende **Walfluken** zerfetzten so manches Harpunierboot mitsamt der Besatzung, beim Speckschneiden gab es Unfälle und die vitaminarme Ernährung auf den Schiffen – meist gab es graue Erbsen mit Salzfleisch oder

➢ Walfangutensilien (aus einem Lexikon des 19. Jahrhunderts)

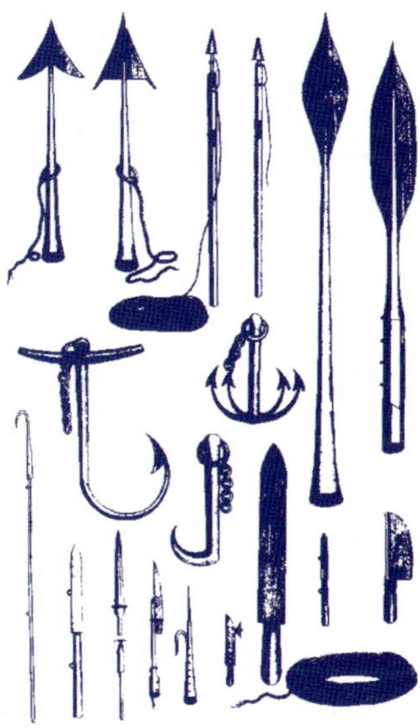

➢ Fischfangimpressionen

gelbe Erbsen mit Stockfisch – führte häufig zu Skorbut.

Eine noch größere Gefahr stellten jedoch die gewaltigen Stürme des Nordens und das Packeis dar. Jedes Walfangschiff führte ausreichend Proviant für eine außerplanmäßige Überwinterung mit. Es geschah in fast jeder Saison, dass Schiffe ins Packeis gerieten, nicht wieder freikamen und von den Eismassen regelrecht zerdrückt wurden. Sank das Schiff, versuchte die Besatzung auf dem Eis zu überleben, stets in der Hoffnung, von einem anderen **Walfänger** entdeckt und aufgenommen zu werden. Blieb so eine zufällige Rettung versagt, nahte unweigerlich das Ende.

Trotz dieser Risiken lockte der Wohlstand, der sich durch die Beteiligung am Walfang erwerben ließ, die Männer von den Ostfrieseninseln jedes Jahr wieder in den Norden. Die Ära der Walfänger endete jedoch bereits in den 80er Jahren des 18. Jahrhunderts, nachdem zwischen England und den als Seemacht erstarkten Niederlanden ein Krieg um die Vormachtstellung auf dem Meer ausgebrochen war (1780–83), der den Walfang und auch den Seehandel nachhaltig unterband.

Kampf um Spiekeroog

Bald schufen europolitische Großereignisse die Voraussetzungen für neue Erwerbsmöglichkeiten auf **Spiekeroog** - wobei es sich allerdings wiederum um Geschäfte der riskanten Art handelte.

Im nachrevolutionären Frankreich hatte sich Napoleon Bonaparte zum Kaiser krönen lassen. Nach seinem Sieg bei Austerlitz (2. Dezember 1805) über Österreich und Russland verbündete sich Preußen mit Frankreich - ein Schachzug, der die spätere militärische Niederlage der Preußen nicht verhinderte: Bei Jena und Auerstädt unterlagen sie den französischen Truppen am 14. Oktober 1806. Im Friedensvertrag von Tilsit musste Preußen alle Hoheitsgebiete westlich der Elbe abtreten.

Napoleon schlug **Ostfriesland** den ebenfalls unter französischer Herrschaft stehenden Niederlanden als »Department Oost-Vriesland« zu. Gemeinsam mit den Landesherren wurde Ostfriesland in die folgenden Auseinandersetzungen zwischen Engländern und Franzosen verwickelt. 1806 erließ Napoleon die Kontinentalsperre gegen alle englischen Waren. Im Gegenzug belegte England die kontinentale Schifffahrt mit einem Embargo. Der legale Seehandel kam fast vollständig zum Erliegen.

Unter diesen Umständen war es zwangsläufig, dass der **Schmuggel** gewaltigen Aufschwung nahm. Die günstige Lage Spiekeroogs zu Helgoland, dem unter englischer Oberhoheit stehenden Hauptstapelplatz britischer Waren, machte die Insel zum idealen Schmugglernest. Für einen Teil der Einwohner - vor allem für arbeitslose Seeleute, die wegen der Handelskrise keine Aussicht auf eine legale Heuer hatten - bot der illegale Warenhandel endlich wieder eine lukrative Erwerbsquelle. Die Fahrt nach Helgoland war schnell durchzuführen. Über das Watt brachten sie die Konterbande dann von Spiekeroog zum Festland. Die Chance, dabei von den Franzosen unbemerkt zu bleiben, war gut. Die Spiekerooger kannten ihre Insel und das Wattenmeer schließlich bedeutend besser als die Franzosen und nutzten ihren Heimvorteil ausgiebig.

Den Schmuggel nahm **Napoleon** zum Anlass für weitere territoriale Veränderungen. Per Dekret wurde

➢ Schmuggler bei der Arbeit

Ein Militärbericht aus der »Franzosenzeit«

Vermutlich im Jahr 1810 verfassten napoleonische Offiziere eine »Beschreibung der Inseln und Watten der ostfriesischen Küsten«, einen internen Militärbericht der französischen Marineverwaltung. Es geht darin um Geschützstellungen, Rückzugs- und Verschanzungsmöglichkeiten, aber auch um die speziellen Lebensverhältnisse auf jeder der Ostfrieseninseln – ein Spionagebericht des frühen 19. Jahrhunderts. Dabei erweisen sich die Späher Napoleons als bemerkenswert gut informiert, sogar über die Vermögensverhältnisse Einzelner. So findet man in dem Bericht auch die »Besondere Beschreibung der Insel von Spiekeroog«:

➢ Napoleon in tpyischer Pose

»Die Insel Spiekeroog liegt 2 Meilen von Wangerooge entfernt und 1 3/4 Meilen vom Festland in der Näher von Neuharlingersiel. (...) Seewärts und auf beiden Seiten ist sie von Dünen umgeben, die fast überall gleich hoch sind. Im Süden gibt es keine Dünen. Wie auf der Insel Wangerooge neigt sich dort das Gelände ganz allmählich in Richtung der Sandbänke und hebt sich nur unwesentlich darüber hinaus.

In der Mitte der Insel befindet sich ein kleines Dorf, das aus 32 Häusern besteht, die sämtlich aus Ziegelsteinen erbaut wurden und recht sauber sind. Drei davon gehören der Kommune, und eine Kirche ist auch eingeschlossen. Auf der Insel leben 22 Familienväter, 7 Witwen, 44 Jungen, 34 Mädchen, 20 verheiratete Frauen, eine alte Jungfer, die von der Gemeinde ernährt wird, und drei Waisenkinder. Insgesamt 120 Personen. Zwei Familienväter sind seit langer Zeit abwesend. Hier einige Anmerkungen zu ihrer beruflichen Tätigkeit: 1 Bürgermeister, 10 Kapitäne oder Steuermänner, 7 Schiffer, 2 Matrosen, 1 Zimmermann, 1 Bäcker, 1 Lehrer, der gleichzeitig als Pastor fungiert, und 1 Schneider. Ihre Flotte besteht aus 2 Schmacken, 1 Tjalk und einer Kuff. Sie besitzen 4 Pferde, 36 Kühe, 122 Schafe, 142 Gänse, 132 Enten und

67 Hühner. Einer von ihnen besitzt 500 Francs, vier 400 Francs, einer 360 Francs, zwölf 300 Francs, einer 240 Francs, zwei 200 Francs, einer 150 Francs, zwei 120 Francs, drei 100 Francs, einer 80 Francs und einer 60 Francs. Sie verfügen über vier zweirädrige Pferdekarren für ihren eigenen Gebrauch.

Auf der Insel befinden sich einige Tannen. Der Boden ist deutlich fruchtbarer als auf Wangerooge. Es wächst dort ein feines Gras, das sehr gute Nahrung für die Schafe liefert. Es wird auch ein wenig Heu für die Kuh- und Pferdenahrung gewonnen, ohne dass dieses für den Winter ausreicht, sodass es dann vom Festland geholt werden muss. Die Kühe liefern genug Butter für den Sommer. Die Inselbewohner pflanzen Kartoffeln, Karotten und Kohl an, aber all dieses reicht nicht aus, um die Versorgung im Winter zu gewährleisten. Sie besitzen auch einige Obstbäume.

Im Zentrum der Insel ist die Wasserversorgung schlecht. Am Fuße der Dünen findet man aber sehr gutes Wasser, wenn man 8 oder 10 Fuß tief gräbt. Das Innere der Insel wird bei starkem Hochwasser und bei Seewinden häufig vom Meer überschwemmt. Manchmal gelangt das Wasser bis in das Dorf. Vor drei Jahren wurden sämtliche Schafe bei einer derartigen Flut weggespült.

Die Dünen verlieren am Westufer der Insel an Boden, aber am Ostufer sind Geländegewinne zu verzeichnen. Der Sand der westlichen Dünen wird vom Wind weggeweht und auf das Innere der Insel geworfen.

Beschreibung der Watten: Der Tidenhub beträgt bei der Otzumer Balje 10 Fuß. Nach Auskünften von verschiedenen Lotsen liegt das Hochwasser in der Harle nicht darüber. Der seewärts von der Insel befindliche Strand erstreckt sich ungefähr über eine halbe Meile. Es gibt in unmittelbarer Nähe einen kleinen Kanal, der jedoch nicht befahrbar ist, weil er zu schmal ist und bei Ebbe nur 3 Fuß Wasser führt.

➢ Das französische Linienschiff *Ville de Paris*.

Die Einfahrt zur Otzumer Balje, die vom Meer durch das Rooplaat (Robbenplatte) getrennt wird, liegt im Nordnordosten. In der Einfahrt befindet sich eine Sandbank, wo das Wasser nur 8 bis 9 Fuß tief ist. Im Inneren sind es mindestens 7 Faden.

Die Spiekerooger Balje führt etwa 7 Fuß Wasser und verliert sich im Osten von Spiekeroog nach und nach im Sand. Das Wasser steht in der Einfahrt zum Neuharlinger Diep etwa 2 Fuß hoch. In der Nähe von Neuharlingersiel fällt der Kanal fast völlig trocken.

Um hinter Wangerooge auf den Watten nach Spiekeroog zu fahren, wendet man sich zuerst in Richtung des Deiches der Carolinen Riede. Anschließend fährt man über die Schillbalje in das Neuharlinger Diep. Der Fußweg vom Festland nach Spiekeroog beginnt eine knappe halbe Meile von Friedrichsschleuse. Man wendet sich zunächst zur östlichen Spitze von Spiekeroog, anschließend hält man noch etwas östlicher, um die Untiefen der Spiekerooger Balje zu vermeiden. Man kann diese Stelle bei einer Wassertiefe von einem halben Fuß passieren und anschließend die Insel erreichen.
Man benötigt zweieinhalb Stunden, um den Weg bei gewöhnlichem Hochwasser zurückzulegen. Die Schifffahrt kann auf den Watten von Fahrzeugen mit einem Tiefgang von 4 Fuß betrieben werden.«

Am Ende des Berichts zieht der Verfasser ein Resümee, in dem die Notwendigkeit einer umgehenden militärischen Besetzung der Inseln sogar als »Gebot der Menschlichkeit« angemahnt wird – anscheinend ein zeitlos beliebtes Politikerargument für militärische Interventionen:

»Viele Gründe lassen die Besetzung der Inseln notwenig oder sogar dringend geboten erscheinen.

1. Unter den gegenwärtigen Umständen der erste und wichtigste ist die Unterbindung jeglicher Art von Schleichhandel, jeglicher Verbindung zum Feind und jeglicher Korrespondenz.
2. Die kleine Küstenschifffahrt verlangt von der Regierung diese wohltätige Maßnahme. Dieser Grund hätte wegen seiner Bedeutung vielleicht zuerst genannt werden müssen, wenn man daran denkt, dass diese Schifffahrt zur Ausbildung einer Vielzahl von Matrosen beiträgt und einen Großteil der Einwohner dieser Küstengebie-

➢ *Offiziere der »Grande Armée«*

te ernährt, die für die Herausbildung von Matrosen eine unversiegbare Quelle darstellen.

3. Bei der Einrichtung einer festen Verbindung von Signalstationen entlang der Küste verhindern die Inseln, dass das Meer ohne Deckung gelassen wird. Um die Verbindung der Küstensignale so zu errichten, wie sie für ganz Frankreich etabliert wurde, müssen die Signale auf sämtlichen Inseln untergebracht werden, wofür diese wiederum militärisch besetzt werden müssen.
4. Die Menschlichkeit verlangt diese Besetzung zum Vorteil der Inselbewohner. Sie werden fortwährend zwischen beiden Seiten zerrieben. Aus Angst vor Missbräuchen zwingt man sie oft sogar dazu, ihre Grundbedürfnisse auf dem Festland zu befriedigen. Wenn die Inseln besetzt wären, würde dieser Nachteil für sie verschwinden, und sie könnten sich der Küstenschifffahrt widmen, die ihnen die einzige Möglichkeit bietet, leben zu können. Anstatt den Insulanern ihren Wohnort zu verleiden, muss man sich bemühen, die Bevölkerung auf jede erdenkliche Weise zu unterstützen. Es sind alles Seeleute und gewöhnlich alles gute Seeleute.
5. Man könnte auch noch die allgemeine Überlegung anfügen, die Flussmündungen zu sichern und zu schützen, aber dieses wäre nur in Bezug auf Borkum sinnvoll (und auch da nur bedingt). Die anderen Inseln liegen zu weit entfernt von der Jade und den beiden Armen der Ems.«

➧ **Militärbericht »Beschreibung der Inseln und Watten der ostfriesischen Küsten«, vermutlich 1810, Archiv Wasser- und Schifffahrtsamt Wilhelmshaven**

Einige Bemerkungen über die Insel Spiekeroog

»Spiekeroog (...) gehöret mit Langeoog zum Harlingerland und ist dem Amte Esens incorporiret. Das zwischen Wangeroog und Spiekeroog vorhandene Seeloch oder große Balge heißt die Harle oder Harrel. Dahin strömte von Wittmund her etwa im 14ten Jahrhundert, als dieser Flecken noch ein Syhl war, und davor noch kein neues, von der See aufgespültes Land bedeicht war, der Harlefluß, von dem jetzt keine Spur mehr vorhanden ist. Dies Eiland ist im Norden von hohen mit Helm bewachsenen Dünen umgeben. Hierher und nach Langeoog wird jährlich einiges Jungvieh vom gegenüberliegenden festen Lande zur Weide geschifft. Der Viehbestand war hier in diesem Jahre 36 Kühe und etwa 100 Schafe. Es befinden sich hier 36 Häuser mit einer Kirche und Schule. (...) Wann gleich kein Schiller und keine Fischerpinke hier ist, so sollen die Bewohner doch, wie mir der dasige Voigt versichert hat, ziemlich wohlhabend seyn. Mit ihren 7 Frachtschiffen fahren die Insulaner nach Norwegen und dem Baltischen Meere. Es wundert mich sehr, dass die Insulaner zur Vertilgung ihrer vielen Mäuse keine Katzen vom Continente herüber bringen.«

D.U. Heinemeyer: Bemerkungen über die Inseln Wangeroog, Spikeroog, Langeroog, Baltrum und Norderney. In Allgemeine Geographe Ephemeriden, Bd. XIII, Zweites Stück (Februar 1804)

das Königreich Holland zum Bestandteil Frankreichs, aus Ostfriesland wurde das »Département de l'Ems oriental« mit den »Arrondissements« Emden, Aurich und Jever. Um den Schmuggel vor der Küste zu unterbinden, besetzten französische Truppen die Inseln und legten Befestigungen an. Vor allem auf Spiekeroog wurden militärische Einrichtungen wie die »Franzosenschanze« gebaut, eine noch heute erkennbare ehemalige Batteriestellung zwischen Dorf und Westergroen.

Zusätzlich zu Repressalien wie verschärften Zollkontrollen und Ausgangssperren mussten die Spiekerooger die **Befestigungen** auch noch selbst errichten. Vielleicht ließ genau diese Schikane die Geduldsfäden der sonst eher gelassenen Insulaner reißen: Man bildete eine Untergrundbewegung und entwickelte konspirativ einen Plan zur Erstürmung des Franzosenforts. Das Vorhaben scheiterte im Vorfeld durch Verrat, einige der Aufrührer wurden festgenommen und nach Frankreich gebracht. Waren sie auch als Guerillakämpfer wenig erfolgreich – als Gefangene bewiesen sie Zähigkeit, denn sie kehrten alle in die Heimat zurück. Zweien gelang sogar die Flucht zu Fuß vom Mittelmeer zur Nordseeküste.

Am 28. Juli 1812 tobte zwischen Besatzern und Engländern eine Schlacht um Spiekeroog. Erst nach beiderseits verlustreichem Kampf gaben die Briten ihr geplantes Landeunternehmen auf. Doch der Sieg half den Besatzern

nicht viel weiter. In der Folge des gescheiterten Russlandfeldzugs der »Grande Armée« zogen die Franzosen wieder von der Insel ab.

Fremde auf der Insel

1815 wurde Spiekeroog dem hannoverschen Königshaus zugesprochen. Der Frieden zwischen den Siegermächten entzog dem Schmuggel die Grundlage. Die Insulaner mussten wieder auf traditionelle Art ihren **Lebensunterhalt** verdienen, was bedeutete, dass Bauernwirtschaft, Seefahrt und Fischerei als Haupterwerb dienten. Meist beteiligten sich mehrere Insulaner an einem Handels- oder Fangschiff. Die Partenreederei ermöglichte die Anschaffung auch größerer Schiffe. So erlebte vor allem der Schellfischfang auf Spiekeroog noch eine letzte Blüte, selbst nachdem er auf anderen Ostfrieseninseln längst zum Erliegen gekommen war. Bald verbreitete sich jedoch, ausgehend von England, die industrielle Methode der Schleppnetzfischerei mit Dampfschiffen in fast allen Nordseeregionen – mit verheerenden Folgen für die vorher so reichen Fischbestände. Immer mehr Inselfischer standen vor dem Ruin. Auch die Frachtschifffahrt lohnte sich zunehmend weniger. Dampfschiffe liefen den traditionellen Segelschiffen in diesem Bereich ebenso den Rang ab. Um selbst Dampfschiffe zu betreiben, fehlten den meisten Insulanern die finanziellen Mittel. Selbst das Prinzip der Partenreederei nützte da wenig. Bei den Nachbarn auf Norderney hatte bereits vor der »Franzosenzeit« eine neue Ära begonnen. 1797 gründeten die Norderneyer das erste Seebad an der deutschen Nordseeküste. 1836 wurde das Seebad gar zur Sommerresidenz des welfischen Königshauses erklärt. Badegäste auf den Ost-

»Das Wasser vom Blute gefärbt«

Zu Schiffsunglücken kam es im Verlauf der Jahrhunderte vor Spiekeroog oft. Die Bergung von Strandgut bedeutete speziell in den Zeiten vor der Entwicklung des **Fremdenverkehrs** sogar einen wesentlichen Bestandteil der Inselwirtschaft. Zur Rettung Schiffbrüchiger konnte man allerdings kaum etwas beitragen. Rettungsboote besaßen die Insulaner nicht. Wer es vom verunglückten Schiff nicht aus eigener Kraft bis zum Strand schaffte, war verloren. Dann blieb bestenfalls ein namenloses Grab auf Spiekeroog – falls der Leichnam an den Strand trieb.

Am 6. November 1854 geriet die Dreimastbark »Johanne« nach ihrer Abfahrt aus Bremerhaven in einen schweren Sturm. Das Schiff war auf dem Weg nach **Baltimore**, die meisten der 216 Passagiere waren Auswanderer aus Süddeutschland. Die »Johanne« geriet außer Kontrolle, Kapitän Johann Oldejans und seiner Mannschaft gelang es nicht, die Strandung unmittelbar vor dem Spiekerooger Nordstrand zu vermeiden.

Ein nur wenige Tage später in der »Weser-Zeitung« veröffentlichter Augenzeugenbericht beschreibt den dramatischen Verlauf der weiteren Ereignisse:

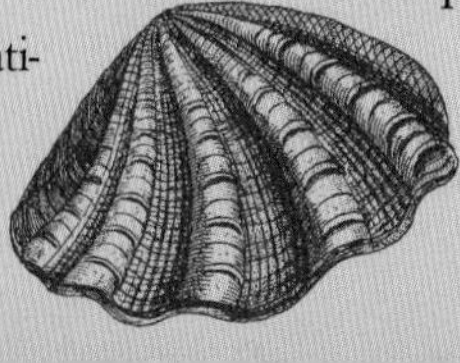

»Leider geschah die Strandung drey Stunden vor Eintritt der Fluth, und das Schiff hatte, bevor die Ausschiffung möglich war, noch mindestens sechs Stunden den furchtbaren Anprall der rasenden Wogen auszuhalten, welcher Umstand Tod und Verderben über die unglücklichen Passagiere brachte. Durch die Bewegungen des Wassers beständig hin- und hergeworfen, arbeitete das Schiff lange gegen die Wucht der anhaltend auf dasselbe niederfallenden gewaltigen **Wasserstürze** der begreiflich heranrollenden Wellen, bis es sich zuletzt ganz auf die Seite legte.

Durch das Schwanken des Schiffes im Verein mit dem eindringenden Wasser wurden die beweglichen Gegenstände mit großer Gewalt hin- und hergeschleudert und viele Menschen dadurch getötet. Die meisten der Verunglückten sollen jedoch bei dem Herausschlagen der Masten das Leben eingebüßt haben, denn Augenzeugen berichten, daß in dem Augenblicke das Wasser rings um die Unglücksstätte vom Blute gefärbt gewesen sei.

Diese Katastrophe, von deren Furchtbarkeit man eine Vorstellung durch die Tatsache gewinnt, daß überall neben den voll-

ständigen Leichen auch Fragmente derselben gefunden werden, hat an achtzig Menschen das Leben gekostet. Einhundertachtunddreißig Personen haben zwar das nackte Leben gerettet, doch theils sind sie schwer verwundet oder contundiert, theils ihrer Habe verlustig, theils beklagen sie den Tod ihrer Anverwandten oder sonst theurer Personen.«

77 Tote zählte man schließlich, viel zu viele für den kleinen Friedhof an der **Alten Inselkirche**. Man begrub die Opfer schließlich auf dem eigens angelegten »Drinkeldoden-Karkhof« (Friedhof der namenlosen Ertrunkenen) am Tranpad, wo noch heute ihr Grabmal zu besichtigen ist – ein Gedenkstein mit daran angelehntem Anker, dessen Kette sich um ein Kreuz windet.

Die Katastrophe erschütterte nicht nur die **Spiekerooger**. Das Unglück der »Johanne« war einer der Anlässe, die letztlich zur Gründung des deutschen Seenotrettungswesens führten. 1861 etablierte sich in Emden der »Verein zur Rettung Schiffbrüchiger«, der vier Jahre später in der heute noch bestehenden »Deutschen Gesellschaft zur Rettung Schiffbrüchiger« aufging. Auf Spiekeroog selbst gründete man bereits 1862 auf den Lütje-oog-Dünen eine der ersten Rettungsstationen an der deutschen Küste. Seit 1946 befindet sich die für den Bereich Spiekeroog zuständige Rettungsstation in Neuharlingersiel.

➢ Badebetrieb auf Spiekeroog, um 1900

friesischen Inseln, das sahen die meisten Einheimischen zunächst nicht so gern. Doch gegen einträgliche Geschäfte ließ sich auf Dauer nicht ernsthaft etwas einwenden, und außerdem gewöhnte man sich an die Fremden. So entwickelte sich im Verlauf des 19. Jahrhunderts allmählich der Fremdenverkehr auf den Inseln.

Spiekeroog entdeckten die Feriengäste allerdings, verglichen mit den meisten anderen Nachbarinseln, erst spät als **Urlaubsziel**. Zwar gab es seit 1792 eine reguläre Fährverbindung zwischen der Insel und dem Festland, doch verkehrte das Boot - eine offene Schaluppe - zunächst nur einmal wöchentlich. Selbst als sich diese Frequenz erhöhte, blieb die Anreise eine Tortur. Das Fährboot ankerte auf Reede vor Spiekeroog. Die Gäste mussten nebst Gepäck auf offene Pferdekarren (genannt »Wupp« umsteigen, die im Wasser bis an das Boot heranfuhren und auf der letzten Etappe bis ins Dorf als Transportmittel dienten. So kamen zunächst nur vereinzelt Urlauber nach Spiekeroog. Erst in den 40er Jahren des 19. Jahrhunderts belebte sich auch hier der Ferienbetrieb, und nachdem man je einen Damen- und Herrenbadestrand ausgewiesen hatte, zeitgemäß ausgerüstet mit einigen gebraucht erworbenen Norderneyer **Badekarren**, wurde Spiekeroog 1846 erstmals offiziell als Seebad bezeichnet. 162 Besucher

➢ Das Ausbooten erfolgte von den kleineren Booten auf Pferdewagen

verzeichnete man in dieser ersten Saison. Es kamen vor allem Leute, »denen der Aufenthalt auf Norderney teils zu kostbar [also schlicht zu teuer], teils zu geräuschvoll ist«. In der ruhigen Beschaulichkeit lag also von Beginn an das touristische Kapital Spiekeroogs. Die Gästezahl nahm stetig zu, teilweise auch durch eine besondere Fügung: Als auf dem benachbarten Wangerooge 1855 der Badebetrieb nach schweren Sturmflutschäden eingestellt werden musste, wichen viele Gäste nach Spiekeroog aus.

Das neue, alte Spiekeroog

Dass Schiffsunglücke zumindest den Insulanern hin und wieder jedoch auch Segen brachten, zeigte sich einmal mehr am 5. Oktober 1890, als die finnische Bark »Neptun« mit einer Ladung Holz vor Spiekeroog strandete. Das Baumaterial kam sehr gelegen für die Konstruktion einer **Landungsbrücke**, die ab 1891 den Feriengästen das mühselige Umsteigen auf See von der Fähre in Pferdekarren ersparte. Mit einer anderen technischen Innovation konnte man bereits 1885 renommieren. Seit diesem Jahr ersetzte die Pferdebahn den lästigen Fußmarsch vom Dorf zum Herrenbadestrand am Weststrand. 1896 erhielt auch der Schiffsanleger einen Pferdebahn-Gleisanschluss zum Dorf. Ab der Jahrhundertwende lief das Geschäft mit dem Fremdenverkehr den traditionellen Erwerbszweigen wie Fischfang und Seefahrt den Rang ab. 1910 zählte man 1819 Kurgäste, zehn Jahre später bereits 3300. Der Badestrand wurde vom Westen an die Nordküste verlegt und mit einer neuen Strand- und Lesehalle ausgestattet. Sogar ein kleiner **Flugplatz** entstand auf dem Wiesengelände im Inselwesten. Die Gäste kamen jetzt nicht mehr nur überwiegend aus dem Nahbereich der Küste, sondern aus allen Teilen Deutschlands.

Der Zweite Weltkrieg unterbrach diese Entwicklung abrupt. Doch von der Einstellung des Ferienbetriebs abgesehen, überstand die militärisch unbedeutende und nur von wenigen Soldaten besetzte Insel den Krieg weitgehend unbeschadet - glücklicher vor allem als die Nachbarinsel Wangerooge, wo noch im April 1945 ein Bombenangriff über 300 Menschen tötete. Nach Kriegsende blieb Spiekeroog eine kurze Zeit von kanadischen Truppen besetzt. Erst nach deren Abzug begann zunächst zögerlich, bald jedoch rasant die Renaissance des **Badelebens**. Als Zeichen der neuen Zeit wurde 1949 die Spiekerooger Pferdebahn, landesweit die letzte ihrer Art, durch eine Diesellokomotive ersetzt.

Obwohl die Spiekerooger spätestens seit dem Ende des Zweiten Weltkriegs zielstrebig den Ausbau ihrer Heimat zum **Nordseeheilbad** (urkundlich anerkannt seit 1972) verfolgten, unterlief ihnen nicht der andernorts häufig begangene Fehler, die Insel mit unsäglichen Hochhäusern und betonierten Einkaufspassagen zu bepflastern. Zwar hat man selbstverständlich auch ein **Kurzentrum** und ein Hallenbad zu bieten, aber sonst ist man auf Spiekeroog sichtlich um Erhaltung des traditionell gewachsenen Ortsbildes bemüht. Den Flughafen schaffte man gleich 1945 wieder ab, Kraftfahrzeugverkehr gar nicht erst an. Als notwendig zur Bewältigung der enorm gestiegenen Besucherzahlen (über 50.000 Gäste jährlich) erwies sich 1981 allerdings der Bau eines neuen, ortsnah gelegenen Hafens und die gleichzeitige Außerdienststellung der **Inselbahn**. Doch ist es sehr charakteristisch für die Spiekerooger, dass sie gleichzeitig die Härte dieser neuzeitlichen Entscheidung milderten, indem sie auf der historischen Strecke zwischen Ort und Weststrand die alte Pferdebahn reaktivierten. So bietet ein Besuch auf Spiekeroog neben dem Naturerlebnis der Nordsee und des Nationalparks auch einen Einblick in das Inselleben früherer Tage. Und immer wieder Neues: Attraktionen wie das Umweltzentrum Wittbülten oder das Künstlerhaus bereichern den Inselurlaub.

Nicht jeder versteht die Insulaner

Wenige Jahrzehnte, bevor die ersten Gäste vom Festland die Ostfrieseninseln als Sommerfrische entdeckten, lieferte Carl Julius Weber in seinem 1826 erschienenen Buch »Deutschland oder Briefe eines in Deutschland reisenden Deutschen« eine Beschreibung der ihm offensichtlich sehr fremd gebliebenen Inseln und Insulaner – und prophezeite ihnen den baldigen Untergang:

»Diese Inseln sind spärlich mit Gras und Sandhafer bewachsen und bewohnt von armen Fischern, Schiffern und ihren noch viel ärmeren Witwen und Waisen, etwa 1500 Seelen. Die preußische Regierung schenkte ihnen Spinnräder und setzte einen Preis à 10 Thaler für die beste Spinnerin – aber, viel zu faul, den Wettpreis verdienen zu wollen, sollen sie die Räder verbrannt haben. Die Männer sind zur See, die ganze Oeconomie liegt also dem weiblichen Geschlechte ob, und so können natürlich Weiber und Mädchen nicht so fleißig spinnen wie im Innern Westfalens. Diese Inseln, fast ohne allen Verkehr mit dem Festlande, waren sicher einst mit dem Festlande zusammenhängend, als der liebliche Norden den Fluten entstieg – freilich nicht wie Venus – und werden sichtlich immer kleiner. Ihr künftiges Schicksal lässt sich vorausverkündigen, denn die stärksten Dämme sind nur Menschenwerk, und nur Werke der Natur, wie die Cordilleras am Isthmus von Panama, trotzen der Zeit und den Stürmen des Ozeans. Platos Atlantis, das keine Fabel zu seyn scheint, versank schon vor Jahrtausenden in den Abgrund des atlantischen Meeres, während der liebliche Norden mit seinen Moorgefilden vielleicht damals schon aus den Fluten emporstieg! Die Alten verlegten die Wohnungen der Glücklichen auf Inseln, hier hätten sie es – bleiben lassen.«

Sightseeing

Alte Inselkirche

Das alte Gotteshaus am Süderloog ist die älteste noch existierende Kirche auf den Ostfriesischen Inseln. Natürlich gab es hier bereits weit vor 1696 Kirchengebäude, doch die Macht von Wind und Wellen veränderte im Laufe der Jahrhunderte die Inseltopografie radikal. Über den Fundamenten einstiger Dörfer rauscht heute die Nordsee, und mit den Siedlungen gingen auch die Kirchen unter.

Der Standort und das Aussehen der ersten **Spiekerooger Kirche** ist daher unbekannt. Nachdem das Dorf gegen Ende des 16. Jahrhunderts im Lagebereich des heutigen Ortes neu entstanden war, hielt man ab 1625 die Andacht in einem Raum des mittlerweile umgebauten Hauses am Noorderloog 17. Gut 70 Jahre gaben sich die Spiekerooger mit dieser Lösung zufrieden, bis 1696 die gestiegene Einwohnerzahl den Bau der Alten Inselkirche notwendig machte.

Das Erscheinungsbild der Kirche hat sich im Verlauf ihrer 300-jährigen Existenz durch Umbauten etwas verändert, doch zeigt sie noch, wie die frühen Inselkirchen aussahen – zweckmäßig und schlicht, eben Andachtsstätte einer kleinen Gemeinde, die zum einen nicht übermäßig wohlhabend war und zum anderen nie damit rechnen konnte, dass ihre Gebäude lange von Sturmfluten verschont blieben. Die bunten Glasfenster gehörten nicht zur Erstausstattung, sie wurden erst um die Jahrhundertwende von einigen begüterten Spiekerooger Stammgästen gestiftet.

➢ Die Pietà der Spiekerooger Inselkirche

Die Kirche wurde als »Drifthuus«, gebaut, d.h. im Falle einer Sturmflut lösten sich die Lehmmauern auf bzw. wurde ein Haltebolzen entfernt und das Schwimmdach der Kirche diente als Rettungsboot für Mensch und Tier.

Zum Interieur der Alten Inselkirche gehören eine geschnitzte Renaissancekanzel, zwei kunstvoll ausgeführte Votivschiffe, mehrere Apostelbilder und als Prunkstück eine mittelalterliche Pietà. Diese Pietà soll angeblich von einem Schiff – einige Quellen sprechen sogar von dem **Flaggschiff** – der legendären spanischen Armada stammen, das 1588 vor Spiekeroog strandete.

In der Tat entsandten die Spanier in dem genannten Jahr ihre Armada,

➢ Nach 300 Jahren kaum verändert – die alte Inselkirche

bestehend aus 130 Kriegsschiffen und annähernd 30.000 Mann Besatzung. Nach der Niederlage gegen die englische Flotte unter Howard und Drake floh ein Großteil der zerschossenen spanischen Schiffe nach Nordosten entlang der belgischen Küste, um dann auf nördlichen Kurs zu gehen, um die Shetlandinseln herum Schottland und Irland zu umfahren und in die Heimat zu segeln.

Es war September. Die Schiffe, viele davon durch Kampfschäden kaum noch manövrierfähig, gerieten in schwere Herbststürme. Etliche scheiterten auf dem Weg oder gerieten weit ab vom geplanten Fluchtkurs. So ist es durchaus denkbar, dass ein Armadaschiff sein endgültiges Ende auf den tückischen Sänden vor Spiekeroog fand und Nordseewellen die **Marienfigur** an den Inselstrand spülten. Der verunglückte Segler kann allerdings keinesfalls das Flaggschiff der Armada gewesen sein – die »San Martin« erreichte am 23. September 1588 zwar zerschossen und mit arg dezimierter Mannschaft, aber eben in einem Stück den rettenden Hafen von Santander.

➧ Alte Inselkirche, Süderloog 9, Besichtigungszeiten: Mo 16–17 Uhr, Mi 11–12 Uhr, Fr 17–18 Uhr

Altes Inselhaus

In der Alten Inselkirche ist zu sehen, in welchem Raum die früheren Insulaner ihre Andacht hielten. In welcher Art Räumlichkeit sich ihr Alltagsleben abspielte, lässt sich unweit der Kirche am Süderloog Nr. 4 besichtigen: Unter einem weit herabgezogenen Dach verbergen sich drei kleine Räume und ein integrierter ehemaliger Stall. Ein größerer Innenraum wäre angesichts rauer Stürme und raren Heizmaterials auch äußerst unpraktisch gewesen. Das **Alte Inselhaus** ist kaum jünger als die Kirche, sein Baujahr ist 1700. Das ebenfalls als »Drifthuus« angelegte Gebäude sollte mit seinem Schwimmdach bei schlimmer Sturmflut wie die Kirche als Rettungsboot dienen. Heute beherbergt es ein gediegenes Café. Die Heizung ist kein Problem mehr, und wem es im Sommer in den kleinen Stuben zu eng wird, der kann auf einen Platz in dem malerisch angelegten Bauerngarten ausweichen.

➧ Altes Inselhaus, Süderloog 4, Tel. 04976/473

Aussichtsdünen

An der See reicht eine relativ kleine Erhebung schon aus, um einen grandiosen Überblick zu gewinnen. Zwei **Aussichtsdünen** bieten Spiekeroog-Ansichten, die bei jedem Wetter erlebenswert sind. Auf dem Weg zum Nordstrand überblickt man von der Düne am Slurpad (die Düne mit dem »Utkieker«, siehe unten) den ganzen Ort. Die andere Aussichtsdüne liegt mehr zur Inselmitte hin an dem Weg zur Hermann-Lietz-Schule. Von hier aus blickt man über die östliche Ruhezone des Nationalparks.

De Utkieker

Seit dem Juni 2007 steht er auf der Aussichtsdüne am Slurpad. Rank und schlank trotzt er Sommerhitze und Winterstürmen und hält, das Gesicht abgeschattet mit den eigenen Händen, Ausguck. Oder, auf Platt geschnackt, »Utkiek«, weshalb der überlebensgroße Seh-Mann sinnvollerweise »De Utkieker« heißt. Und seinerseits ein echter Hingucker ist. Kunst hat es manchmal schwer und ist manchmal auch schwer zu verstehen, aber beim Utkieker sind sich eigentlich alle einig: Der passt hierher. So wie er haben zu allen Zeiten die Insulaner aufs

Als Badegast auf Spiekeroog

»Wenn wir vom Friederikenthal aus unsern Weg durch die Dünen weiter verfolgen, so gelangen wir nach etwa einstündiger Wanderung zu dem weitausgedehnten Oststrande, dem die Insel Wangerooge gerade gegenüber liegt. Es findet sich dort noch das Wrack eines vor mehreren Jahren hier gestrandeten Schiffes, wie denn überhaupt Leichen und Überreste von Schiffen hauptsächlich hier im Osten antreiben, so daß man oftmals höchst interessante Beute machen kann. Wir lassen hier zunächst den Eindruck des gewaltigen Meeres, das mit seinen weißgipfeligen Wellenbergen nun unabsehbar und schrankenlos sich vor unseren Blicken ausdehnt, voll auf uns wirken und wandeln dann weiter immer am Meeresstrande entlang, bis wir von ferne eine Reihe grün angestrichener Karren erblicken. Es sind die Badekutschen der Damen; da jedoch augenblicklich keine Badezeit ist, so setzen wir ruhig den Weg fort bis zum Herrenbadestrand, über welchen sich hochragend auf stattlichen Dünen die Giftbude oder das Strandhotel erhebt, wo der biedere und stets freundliche Wirt Sanders immer einen guten Trunk für uns bereit hält.
Hier beginnen auch die, vom Bauführer Busch geleiteten, aus Pfahlwerk und Steinen erbauten Strandbefestigungen, deren Bestimmung es ist, gegen das wütende, alles zerstörende Element das kleine Eckchen Erde zu schützen und zu erhalten. Zum Schutze dieser Strandbefestigungen wieder sind eine Anzahl langer Steindämme, die sogenannten ›Buhnen‹ ins Meer hineingebaut, um bei hohen Fluten die Kraft der Wellen zu brechen. Es sind diese Buhnen ein Hauptttummelplatz der Kinder; denn man findet hier die schönen Seerosen, Seesterne und Muscheln, die vom Meer angespült werden (...).«

▸ Aus: Rudolf Schwartz: Skizzen aus meinem Sommeraufenthalte auf Spiekerooge im Juli 1882. Spiekeroog 1988

Meer hinausgeschaut – nach den Wellen, dem Wind, dem Schiff des Liebsten. So schauen auch die Inselgäste gerne hinaus auf die bewegte See. Und deshalb ist die vom Kölner Bildhauer und Spiekeroog-Liebhaber Hannes Helmke geschaffene Skulptur auch rasch zum neuen Inselwahrzeichen und markanten Fotomotiv avanciert. Die Sockelinschrift formuliert die Aufgabe des Bronzemannes: »Er ist ein unermüdlicher Wächter über das Kleinod Spiekeroog.« Besucht man ihn bei dieser ewigen Aufgabe, stellt man fest, dass dieser lange, schlanke Wächter enorm große Füße hat – wer so im Wind steht wie der »Utkieker«, braucht ordentliche Bodenhaftung.

Hermann-Lietz-Schule

Die Hermann-Lietz-Schule am Hellerpad ist ein Internat der »Stiftung Deutsche Landerziehungsheime«. Der Namenspatron Hermann Lietz (1868 - 1919) galt als führender Vertreter deutscher **Reformpädagogik**, den seine Gastlehrertätigkeit an einer fortschrittlichen englischen Privatschule zum Entwurf einer eigenen Schulform anregte. Seiner Konzeption liegt das Prinzip gemeinschaftlichen Lernens und Lebens zugrunde, was neben den obligaten Unterrichtsinhalten auch handwerkliche Betätigungen umfasst.

Nach dem von Lietz entwickelten Modell gründete Dr. Alfred Andreesen (1886 - 1944) 1928 die Internatsschule auf Spiekeroog. Die Lehrer sind gleichzeitig Erzieher und »Familieneltern«, die mit einer Gruppe von acht bis zehn Schülern in einem Wohnbereich zusammenleben. Schüler der ersten Stunde und wohl bislang prominentester Ex-»Lietzer« war der spätere NASA-Forscher Wernher von Braun, der hier erste Raketenversuche am Strand durchführte. Der »Vater der Mondrakete« bestand 1930 sein Abitur auf Spiekeroog und blieb der Hermann-Lietz-Schule noch lange verbunden - die jeweils jahrgangsbesten Physikschüler bedachte er mit einem Geldgeschenk.

Früher kamen neue Schüler erst ab der 7. Klasse ins Internat. Seit 2006 nimmt die Schule auch Fünft- und Sechstklässler auf, die zusammen mit Schülern der Spiekerooger Inselschule unterrichtet werden. Neben dem »normalen« Unterricht gibt es in allen Klassenstufen sogenannte »Andere Unterrichtstage«, an denen die Schüler auch fachübergreifend an Projekten arbeiten. Und es gibt das »Segelnde Klassenzimmer«, die »High Seas High School«: Mehrwöchige Fahrten in internationalen Gewässern auf einem Großsegler.

➢ Die Hermann-Lietz-Schule am Hellerpad

Ein Kernthema des Schulkonzepts ist die Ökologie. Das demonstriert, weithin sichtbar, die einzige Windkraftanlage der Insel. Der heutige Rotor wurde 1995 per Hubschrauber auf die Insel gehievt und ersetzte die Anlage, die schon seit 1986 im

»Spiekeroog ist keine Luxusinsel«

»Die Insel Spiekeroog ist der ostfriesischen Küste vorgelagert und zwischen den Inseln Wangerooge und Langeoog gelegen. Sie ist ungefähr 2,5 km breit und 3 km lang. Da sie von allen friesischen Inseln am meisten nach Norden vorgeschoben ist, hat sie von jeher an den Unbilden des anstürmenden Meeres gelitten; das Dorf, das jetzt ungefähr in der Mitte der Insel liegt, hat ursprünglich auf dem jetzigen Badestrande gestanden. Noch unlängst hat man hier Fundamente von untergegangenen Gebäuden gefunden. In den letzten Jahrzehnten hat man zum Schutze der Insel bedeutende massive Strandbauten in einer Länge von etwa 1000 m. ausgeführt.. Diese Befestigungsbauten bestehen aus einer mächtigen Palisade und zum Teil aus einem 6 m hohen und 500-600 m langen Steindamm, der oben mit einer 4 m breiten Pflasterung abschließt. Die Badegäste können von dieser Wandelbahn aus ungefährdet das herrliche Schauspiel der heranahenden Wogen der Flut beobachten. Zur weiteren Befestigung sind auch noch Buhnen errichtet. Auf dem Steindamm befindet sich das Strandrestaurant »Giftbude«, daneben die Warmbadeanstalt. Einen Strand ohne jede Befestigung von beträchtlicher Ausdehnung besitzt Spiekeroog nach Norden und Osten hinaus.

Im Gegensatz zu fast allen anderen Nordseeinseln kann sich Spiekeroog eines prächtigen Baumbestandes, schöner großer Weideflächen und reicher Viehherden erfreuen. Das Dorf selbst, gegen Norden durch die Dünen geschützt, erstreckt sich mitten im Wiesenlande von Westen nach Osten in einer Länge von 600 Schritt und in einer Breite von 200 Schritt. Die sauberen Häuser liegen meist in wohlgepflegten, mit guten Obstbäumen besetzten Gärten und besitzen schattige Veranden.

In der kleinen evangelischen Ortskirche aus dem Jahre 1696 befindet sich ein aus der früheren Kirche übernommener Predigtstuhl von einem hier gestrandeten Schiffe der spanischen Armada. Dieser Stuhl dient jetzt als Kanzel. Die Entfernung vom Dorf bis zum Badestrande beträgt 20 Min., doch führt auch die Pferdebahn dorthin (einzelne Fahrt 10 Pfennig, 15 Fahrten im Abonnement 1 Mark). Gebadet wird an getrennten Herren- und Damenstrande, und zwar nur zur Zeit der steigenden Flut unter Aufsicht erfahrener Wärter und Wärterinnen. Das Baden erfolgt von feststehenden Zellen bzw. Karren, die,

da der Strand schmal ist, nicht in die See hinausgefahren werden. In den Hotels wird auf die durch die Flut bedingte verschiedene Badezeit Rücksicht bezüglich der Mahlzeiten genommen.

Spiekeroog ist kein Luxusbad und darum ist von sonst üblichen Vergnügungen wie den Konzerten usw. Abstand genommen, die Gäste können hier ein ruhiges Badeleben in ungezwungenem Gesellschafts- oder Familienkreise genießen. Zur Unterhaltung dienen Bootfahrten, Fischfang und Spaziergänge auf der Insel; besonders besucht ist das sogenannte Friederikental, ein kleines Wäldchen östlich des Dorfes. Ein beliebter Spaziergang ist auch der zum Wrack des 1883 im Osten der Insel gestrandeten Dampfers »Verona«. Größere Ausflüge können mit Boot nach den benachbarten Inseln Wangerooge und Langeoog unternommen werden.«

Aus: »Nordseebäder Deutschlands«, Richters Reiseführer – Hamburg, 1914

Dienst war. Man betreibt außerdem Solarzellen auf dem Dach und im Garten ökologischen Gemüseanbau - so ist es nur konsequent, dass auf dem Gelände des Internats auch das neue Umweltzentrum Wittbülten (siehe unten) etabliert wurde.

Ein Spaziergang zur Hermann-Lietz-Schule lohnt sich auch schon wegen des schönen Weges entlang den Quellerdünen. Unterwegs kann man sich durch den Aufstieg auf die Aussichtsdüne am Friederikental den Überblick verschaffen.

➧ Hermann-Lietz-Schule, Hellerpad 2, Tel. 04976/91000, www.hl-schule.de. Eine Führung über das Schulgelände kann telefonisch vereinbart werden

Inselbad »Schwimmdock«

Nicht immer ist die Wassertemperatur der Nordsee für Schwimmer besonders einladend. Auf Nordseewasser muss man trotzdem nicht verzichten. Das 1995/96 grundlegend erneuerte Spiekerooger **Meerwasser-Hallenbad** hat ein 25 mal 10 Meter großes Becken, eine gleichermaßen für Nichtschwimmer und Schwimmer geeignete Tiefe von 1,30 Meter und die sagenhafte Wassertemperatur von 30 °C - da kann auch kein Mittelmeer mithalten, zumal im angeschlossenen Solarium immer die Sonne scheint. Hier finden außerdem Schwimmkurse, Kurmittelanwendungen und Wassergymnastik statt - auch an eine Sauna wurde gedacht.

➢ Badespaß auch bei schlechtem Wetter – das Inselbad »Schwimmdock«

➧ Inselbad »Schwimmdock«, Noorderpad 20, Tel. 04976/9193-161, www.spiekeroog.de, täglich außer So und Feiertagen, saisonale Öffnungszeiten. Gruppen nur nach Voranmeldung

Haus des Gastes »Kogge«

Nachdem die Inselhalle 2000 bis auf die Grundmauern abgebrannt war, begannen die Spiekerooger ein vollkommen neues, moderneres Urlaubszentrum für die Spiekeroog-Urlauber zu planen. An gleicher Stelle wurde das Haus des Gastes, die **»Kogge«** errichtet und 2002 schließlich fertig gestellt. Heute stellt die »Kogge« für Besucher einen beliebten Treffpunkt und ein Zentrum für touristische Anliegen dar. Sie beherbergt die Kurverwaltung mit Gästeinformation, Zimmervermittlung und Veranstaltungsplanung, aber auch einen Leseraum, eine neue Kegelbahn und ein Biomaris-Geschäft. Außerdem wird hier ein vielfältiges kulturelles Veranstaltungsprogramm

➢ Galerie- und Künstlerhaus Spiekeroog

geboten mit Ausstellungen, Konzerten, Seminaren und Theatervorführungen (in der Saison) bis hin zum »Muschelmuseum« (ganzjährig).

- Haus des Gastes »Kogge«, Noorderpad 18, Tel. 04976/9193-101, www.spiekeroog.de, Mo–Fr 9–12.30 Uhr und 14–17 Uhr, Sa/So und Feiertag 9–13 Uhr (kann in der Nebensaison abweichen)

Galerie- und Künstlerhaus Spiekeroog

Hinter dem Entree präsentiert eine **Galerie** in großzügigen Räumlichkeiten hochkarätige Exponate bildender Kunst in wechselnden Ausstellungen. In lichtdurchfluteten, offenen Ateliers wird geformt, gemalt, gestaltet. Im **Studio** nebenan beugen sich Köpfe über Flachbildschirme, flitzen Finger flink über Tastaturen, klicken die Computermäuse. Im Untergeschoss dringt Musik aus einem verspiegelten Raum, trippeln Füße in Ballettschuhen. Das ist London, Paris, Berlin, denkt man unwillkürlich. Steigt die Treppe hinauf, geht vorbei an weiteren Kunstwerken, vorbei an einem gläsernen Kamin, durch ein Restaurant mit stilvollem Ambiente. Tritt hinaus auf die luftige **Dachterrasse** und blickt direkt über den grünen Deich auf das vertraut glitzernde Wattenmeer. Eindeutig Spiekeroog. Und spätestens jetzt stellt sich das Bewusstsein ein, dass hier etwas wirklich ganz Besonderes entstanden ist.

Das im Juni 2007 eröffnete **Künstlerhaus Spiekeroog** initiierte der Bremer Reeder Niels Stolberg, der im Kunsterlebnis und in der Rückbesinnung auf eigene Kreativität einen unmittelbaren Einfluss auf

den Grad gelungener Urlaubserholung erkennt. Das gilt mehr oder weniger eigentlich für jeden. Trotzdem schottet sich der **Kunstbetrieb** oberhalb des Volkshochschulniveaus oftmals ab, zugänglich nur für Zirkel, die sich Kunst leisten können und daraus nicht selten einen wesentlichen Teil ihres elitären Bewusstseins beziehen.

Im Künstlerhaus gilt jedoch das Konzept: Hineingehen - anschauen - hineinschnuppern - mitmachen. Hineingehen und anschauen darf man täglich während der Öffnungszeiten, ohne irgendein Eintrittsgeld zu berappen. Die **gläsernen Atelierwände** ermöglichen den Überblick über vieles, was an Kursen und Arbeitsmöglichkeiten gerade läuft. Natürlich gibt es auch eine Information mit freundlichem Personal und Broschüren für die Information über aktuelle Dozenten und Veranstaltungen. Die Dozentinnen und Dozenten sind durch die Bank hochkarätige Künstler ihres Fachs. Wer sich nicht gleich für einen längeren Workshop entscheiden möchte oder einfach erst mehrere Dinge ausprobieren möchte, um sich dann einen Favoriten herauszupicken, kann an einem dreistündigen Offenen Atelier teilnehmen (auch spontan buchbar). Doch, wie gesagt - man muss hier nichts buchen. Man kann auch einfach durchs Künstlerhaus Spiekeroog schlendern, sich die Arbeiten

und Ausstellungen ansehen und vielleicht danach noch einen Ostfriesentee auf der Dachterrasse mit Blick auf das weite Wattenmeer genießen. Im **Galerie- und Künstlerhaus Spiekeroog** gibt es u.a.:

Druckwerkstatt
Eine professionell ausgestatte Kupfertiefdruckwerkstatt. Aus eigenen Zeichnungen werden Radierungen angefertigt und schließlich gedruckt.

Bildhauerwerkstatt
Baumstamm, Sandstein, Alabaster – es geht um die Kenntnis des Materials, das geeignete Werkzeug und ihre künstlerische Umsetzung.

Bewegungsräume
Fitness, Aerobic, Ballett, Ausdruckstanz, Salsa auf knöchelschonendem Spezialboden. Weil diese Aktivitäten durchaus schweißtreibend sein können, gibt es selbstverständlich neben Umkleidemöglichkeiten auch Duschen.

Keramik / Kalligrafie
Im Keramik-Atelier wird modelliert, getöpfert, gebrannt. Die Kalligrafie, die Kunst des Schönschreibens, erfordert hohe Konzentration und bietet ein fast meditatives Erlebnis.

Malerei-Ateliers
Öl, Acryl, Aquarell, Kohle – Ihre Ideen und Kompositionen lassen sich hier vielfältig umsetzen. Auch für Holz- oder Linolschnitt sind alle Werkzeuge und Materialien einsatzbereit.

Schmuckwerkstatt
Eine persönliche Erinnerung oder ein ausgesprochen individuelles Geschenk könnte ein selbst entworfenes und selbst gefertigtes Schmuckstück sein. Hier lernt man viel über Metallbearbeitung und den fachkun-

Wenn Macher Urlaub machen

Vielleicht kennen Sie den Film »Local Hero«: Ein smarter Jungmanager reist im Auftrag seines Konzerns aus seiner weltstädtischen Heimat nach Schottland, wo er an einer abgelegenen Küste die Planung für ein riesiges Industrieprojekt vorantreiben soll. Damit würde er die urwüchsige Landschaft und das idyllische Fischerdörfchen grundlegend verändern, doch im Verlauf der Handlung stellt sich heraus: Natur und Einheimische verändern ihn – aus dem zeitplanfixierten Business-Freak wird ein entspannter Durchatmer, der mit gelockerter Krawatte auch mal ohne Zielrichtung barfuß über den Strand läuft und sich unprofitable Vergnügen wie Muschelsuchen gönnt.

Das ist Kino. Doch auch im »richtigen Leben« prallen Lebensphilosophien und Grundeinstellungen aufeinander. Das endet oft nicht gut – aber manchmal entsteht dabei etwas, was alle bereichert.

Niels Stolberg ist Reeder und Gründer der Beluga Shipping Company mit Sitz in Bremen. Er ist Inhaber eines Kapitänspatents, selbst zur See gefahren und auch als Unternehmer stets offen für neue Wege. Seine Aktivitäten erschöpfen sich nicht im Kerngeschäft der Reederei, sondern umfassen vielseitiges kulturelles, politisches und soziales Engagement. Stolberg ist ein Macher. Auch Macher brauchen Urlaub. Und so kam Spiekeroog ins Spiel.

Jeder Inselgast erfährt es am eigenen Leibe: Spiekeroog tut gut. Runter vom Dampfer, und nach spätestens zwei Tagen findet man in den ruhigen Rhythmus, der einen durch den Inselaufenthalt begleitet und für die Erholung sorgt, die man nötig hat. Der Bremer Unternehmer erwarb also ein Feriendomizil auf Spiekeroog.

Spiekeroog tut gut – aber besser machen kann man immer etwas. Und ein Macher schaltet eben selbst im Urlaubsmodus nicht komplett in den Leerlauf. So dauerte es nicht lange, bis Niels Stolberg Aktivitäten auf der Insel entwickelte. Normalerweise mangelt es an Ideen oder es fehlt das Geld dafür. Stolberg hat beides, und so ging alles sehr schnell. Mehrere Inselhäuser wurden von ihm erworben, edel saniert, umgebaut und auf künstlerische Akzente getrimmt. Stolberg gehören mittlerweile mehrere Hundert Betten auf Spiekeroog – ein

Imperium unter den Kleinbetrieben der Einheimischen. »Stolberg und Spiekeroog, das ist auf den ersten Blick eine Verbindung, als würde Michael Schumacher Dreirad fahren«, schrieb die Süddeutsche Zeitung. Tatsächlich sorgten die rasanten Projekte für Unmut bei einigen Spiekeroogern. Die Qualität der Stolberg-Häuser erkannte man durchaus an. Man war aber auch – zu Recht – stolz auf all das, was Spiekeroog schon vor der Ära Stolberg touristisch geleistet und repräsentiert hatte und fühlte diese Errungenschaften nun nachträglich miesgemacht. Und man befürchtete durch die neuen Attraktionen, zu denen auch das Künstlerhaus zählt, einen Sylt-Effekt – eine »Schicki-Micki-Schnöselisierung«, die möglicherweise auch die angestammten Spiekeroog-Urlauber verprellen würde.

Mittlerweile wird allen Beteiligten allmählich klar: Die Klientel der Porsche-Protzer und Chanel-Chargen fährt weiterhin nach Sylt und nicht nach Spiekeroog. Dafür sorgt schon die Insel an sich: Kein Flugplatz für den Privatflieger, keine Straße für den Porsche, keine Promenade für die Prada-Parade, kein glamouröser Golfplatz. Stattdessen findet Spiekeroog jetzt noch mehr Beachtung bei Menschen, die neben Ruhe und Natur auch Kultur- und Kunsterlebnisse im Urlaub schätzen. Und weil das Künstlerhaus auch bei den Inselstammgästen durchaus gut ankommt, beginnen die Einheimischen schon ein wenig stolz darauf zu sein. Niels Stolberg seinerseits räumt ein, mit seinem Tempo bei den Projekten ein bisschen zu forsch gewesen zu sein. Beide Seiten lernen voneinander. Was dabei entstanden ist, bereichert alle.

Und irgendwann ist Stolberg dann vielleicht wirklich der »Local Hero« von Spiekeroog.

➢ Im Kinderatelier des Galerie- und Künstlerhauses Spiekeroog

digen Umgang mit Gold und Silber. Aber auch, wie aus einer Muschel oder einem bizarren Stück Strandgut »Kunst zum Umhängen« wird.

Medienraum

Zwölf digitale Arbeitsplätze, umfangreiche Software und kundige Anleitung zum Thema Fotografie, Bild- und Filmbearbeitung. Hier kann der eigene Urlaubsfilm entstehen oder ein professionell gestalteter Bildband über die persönlichen Inselerlebnisse.

Kinderatelier

Malen, basteln, schnitzen, Theater spielen - hier wird die Kunst zum Spiel und das Spiel zur Kunst. Und wieder ein Ferientag zum echten Glückstag.

Zusätzlich zu den **Workshops** in den Ateliers gibt es im Künstlerhaus Spiekeroog eine bunt wechselnde Reihe von Veranstaltungen: Seminare für Kreatives Schreiben, Musik und Theater, Nordic-Walking-Kurse, Konzerte, Comedy, Lesungen und vieles mehr. Das Künstlerhaus ist eine Perle unter den Kulturträgern. Und Spiekeroog eine Perle unter den Inseln. Zusammen ergibt das ein einmalig gelungenes Schmuckstück.

- Galerie- und Künstlerhaus Spiekeroog, Achter d' Diek 3, 26474 Spiekeroog, Service-Tel. 0421-46044440, www.kuenstlerhaus-spiekeroog.de, täglich geöffnet

Kurioses Muschelmuseum

Wohl jeder, der an der Nordseeküste Urlaub macht, sammelt am Strand die eine oder andere Muschelschale als **Souvenir** ein. Doch selbst fanatische Sammler müssen eingestehen, wohl kaum jemals so eine Menge verschiedenartiger Muscheln beisammen gesehen zu haben wie im Spiekerooger Muschelmuseum - über 4000 Stück, die nicht nur aus der Nordsee stammen, sondern auch von exotischeren Ufern. Derart informiert, lässt es sich während der verbleibenden Urlaubszeit am Spiekerooger Strand gezielt nach dem Lieblingsexemplar fahnden. Und sollte garstiges Regenwetter den Strandgang verleiden, verlegt man die Fahndung eben ins »Kuriose Muschelmuseum«. Für das Eintrittsgeld von einem Euro bekommt man außer Muscheln auch eine Menge **Komik** geboten. Ganz bewusst hat man sich hier dagegen entschieden, die Betrachter der Exponate mit vielleicht seriösen, aber staubtrockenen Erklärungstafeln vom Kaliber »Miesmuschel (Mytilus edulis)« anzuöden. Dafür steht dann beispielsweise neben einer verschnörkelten Muschel mit zahllosen Stachelspitzen schlicht die Bezeichnung »Stacheldraht«. Den wissenschaftlich korrekten, lateinischen Gattungsnamen hätte man schon eine Vitrine später sicher vergessen - aber an die komische »Stacheldraht«-Muschel erinnern Sie sich noch Monate nach dem Urlaub, gerade auch wegen des trefflichen Stichworts. Wetten? Und nicht nur Kinder finden ihren Spaß daran, zwischen all den Meerestieren immer wieder Dinge zu entdecken, die auf den ersten Blick überhaupt nichts in einem Muschelmuseum zu suchen haben. Einen Telefonhörer zum Beispiel. Der beinhaltet nämlich sogar gleich zwei Muscheln: »Hörmuschel«/»Sprechmuschel«. Dass Humor auch eine schwarze Farbe besitzen kann, beweist eine hier ausgestellte Muschelkonservendose mit dem Stichwort: »Eingesargt«.

➢ Im Dorf Spiekeroog

Bei aller Vorliebe für **Kalauer und Kurioses** kommt die »ernsthafte« Biologie nicht zu kurz. Die Muschel-Exponate sind lebensecht, also nicht gefärbt, lackiert oder sonst wie manipuliert. Man erfährt viele Informationen über die enorme Vielfalt dieser Meerestiere, über ihre Bedeutung in der Nahrungskette, über Artenschutzprobleme und anderes.

- Kurioses Muschelmuseum, im Haus des Gastes »Kogge«, www.kuriosesMuschelmuseum.de, Öffnungszeiten laut Aushang. Achtung: Die Ausstellung befindet sich auf einer Galerie und ist auf den ersten Blick nur über eine Wendeltreppe zu erreichen. Menschen mit Bewegungshandicap möchten sich bitte an den Info-Tresen im Erdgeschoss wenden – dort gibt es einen Schlüssel für den Fahrstuhl

➢ Unterwegs mit der historischen Pferdebahn …

Museums-Pferdebahn

Deutschlands letzte und älteste noch von einem Pferd gezogene Straßenbahn verkehrt auf der historischen Strecke zwischen dem **Bahnhof** und dem ehemaligen Herrenbadestrand am Westend. 1949 hatte man sich von der Pferdebahn zugunsten einer modernen Diesellokomotive getrennt.

Als die **Inselbahn** durch den Bau des neuen, ortsnah gelegenen Hafen, überflüssig wurde, holte man das historische Verkehrsmittel aus der Sammlung des Stuttgarter Straßenbahnmuseums. Die Pferdebahn ist weit mehr als ein bloßer Touristengag. Sie ist - im wahrsten Sinne des Wortes - ein Stück erfahrbare Inselgeschichte.

- Die Museums-Pferdebahn Spiekeroog verkehrt während der Saison täglich außer samstags. In der Regel finden bis zu vier Abfahrten pro Richtung statt, aber man ist, dem gemütlichen Verkehrsmittel angemessen, bei der Fahrplangestaltung flexibel. Die Strecke ist 1300 Meter lang, eine Tour dauert ca. 15 Minuten. Mehr unter www.inselbahn.de, www.spiekeroog.de

Old Laramie

Urlaub an der Nordsee - und dann mit der Pferdebahn ab nach Laramie. Falscher Film? Keineswegs. Auf Spiekeroog fährt die Pferdebahn zum **Westend**. Und dort (Westend

➢ An der Dünenkante der Ostplate

5) liegt die legendäre Küsten-Kult-Kneipe »Old Laramie«, auch als »Café Westend« bekannt. Ursprünglich diente das Gebäude als Warmbadeanstalt, ab 1936 bis Kriegsende sogar als Flughafengebäude. Erst danach wurde es zum »Café Westend« umdeklariert, bis die Sturmflut von 1962 das Etablissement in eine Ruine verwandelte. Ein neuer Besitzer baute es nicht nur wieder auf, sondern prägte den neuen Stil. Der Westernfan (Spitzname: »Eddie von Laramie«) dekorierte den Laden mit urigem Trödel und servierte Steaks und gute Laune. Abgesehen vom mittlerweile sehr viel ausgefeilteren kulinarischen Angebot hat sich an diesem Konzept auch unter den aktuellen Inhabern nicht viel verändert. Von Ostern bis Ende Oktober bietet das »Café Westend« zwischen 13 und 17 Uhr Familienatmosphäre (und hausgemachten Käsekuchen). Ab 21 Uhr mutiert das Café dann zur Musikkneipe »Old Laramie«, in der es stilecht auch mal etwas lauter zugeht (hin und wieder auch mit Livemusik). Hier kann die Nacht ziemlich lang werden – aber die Gäste haben ja in der Regel Urlaub.

Ostplate

Spiekeroogs Ostplate ist der Beweis unverminderter Gestaltungskraft der Natur. Noch um 1860 betrug die West-Ost-Länge der Insel ganze sechs Kilometer. Durch die fortschreitende Eindeichung der Harlebucht am Festland änderten sich die Strömungsverhältnisse, massive **Sandanlandungen** sorgten für stetes Inselwachstum in östlicher Richtung – Spiekeroog hat heute, im Vergleich zu den Dimensionen Mitte

➢ Kurioses wie Informatives hat das Spiekerooger Insel-Museum zu bieten.

des 19. Jahrhunderts, seine Länge verdoppelt.

Dabei gilt die Entwicklung der Ostplate noch längst nicht als abgeschlossen. Ein Zusammenwachsen mit Wangerooge verhindert allerdings die Strömung im tiefen Harlegat.

Aus wissenschaftlicher Sicht ist dieses junge Gebiet besonders interessant, da sich hier sämtliche Stadien der Inselentstehung genau beobachten lassen. Es bildeten sich Dünen, im Südosten der Plate entstanden Salzwiesen mit breiten Verlandungszonen zum Sandwatt. Für den jetzigen Besucher ist es kaum vorstellbar, dass noch vor etwa 60 Jahren hier kaum eine Pflanze oder ein Tier zu finden waren. Heute ist die Ostplate ein international bedeutendes Vogelrast- und Nahrungsgebiet und Lebensraum vieler seltener Pflanzen und Tiere. Sinnvollerweise ist dieses Gebiet Teil der **Ruhezone** des Nationalparks Wattenmeer, doch darf es auf einigen markierten Wegen betreten werden. Falls es der Naturschutz notwendig macht, können selbst diese Wege allerdings zeitweise gesperrt sein. Nähere Hinweise sind im Zeitraum von März bis Oktober am Infostand hinter der Hermann-Lietz-Schule erhältlich.

Rosengarten

Am Wüppspoor (auf dem Weg zum Hafen, gleich hinter der Apotheke) liegt eine kleine, aber feine **Parkanlage** – der Rosengarten, in seiner friedlichen Abgeschiedenheit so etwas wie eine Insel auf der Insel. Wer innere Einkehr sucht und dabei ausnahmsweise mal nicht aufs Meer blicken will, findet hier seinen Tempel.

Insel-Museum

Neben der Teestube am Noorderpad 1 ist das Spiekerooger Heimatmuseum in einem gemütlichen, alten Inselhaus untergebracht und überrascht schon zu Beginn des Rundgangs durch die Räumlichkeiten mit einem ungewöhnlichen Ausstellungsstück – einem echten **Krokodil**. Nicht gerade die Art von Fauna, die man beim Nordseeurlaub auf Spiekeroog erwartet. Trotzdem wurde das Tier tatsächlich am hiesigen Strand aus dem Meer gefischt. Bevor sich jetzt jemand vielleicht nicht mehr ins Wasser traut: Das Krokodil ist ausgestopft, und

➢ Am besten schmecken Krabben, wenn man sie frisch vom Kutter kauft und gleich verspeist

Die Krabbe heißt in Wirklichkeit Granat

Die Küste Ostfrieslands wird nach wie vor von **Krabbenkuttern** beherrscht, die vor der Küste ihre Netze auswerfen und die an Bord frisch gekochten Krabben anschließend im Hafen verkaufen - nicht nur an Händler, sondern auch an Feriengäste, die bereits an der Kaimauer stehen und warten. Denn Krabben schmecken am besten, wenn man sie frisch vom Kutter kauft und gleich verputzt, was allerdings bedeutet, dass man sie auch auspulen muss. Und das will gelernt sein.

Es ist zwar keine Kunst, aber ein wenig Geschick wird zum **Pulen** benötigt. Man nimmt den Kopf eines Granats zwischen Zeigefinger und Daumen der linken Hand und zieht mit Zeigefinger und Daumen der rechten Hand das Hinterteil ab, in dem sich das schmackhafte Fleisch befindet.

Die Krabben gelten als Speise für Feinschmecker. Es gibt Gourmets, die selbst einen Hummer für Krabben liegen lassen. Dabei aber heißt die Krabbe tatsächlich nicht Krabbe, sondern Garnele oder **Granat**. Die eigentliche Krabbe ist nahezu kreisrund, hat einen zurückgebildeten Hinterleib und große Scheren am ersten Beinpaar. Sie gehört zu den Zehnfußkrebsen. Die Garnele bzw. der Granat ist dagegen ein Langschwanzkrebs, dessen Name sich aus dem Flämischen ableitet.

das war es auch schon, als es im Jahr 2001 hier ans Inselufer gespült und von einem Jungen gefunden wurde. Vermutlich wollte irgendein Matrose das exotische Präparat in die Heimat schmuggeln, bekam es dann mit der Angst zu tun, als ein Zollkreuzer auf hoher See längsseits ging (die Einfuhr solcher »Souvenirs« ist illegal!), und warf das Beutestück zwecks Beweisvernichtung über Bord. Also, Augen auf beim Strandlauf - auf Spiekeroog ist alles möglich.

Eher als ein Krokodil findet man vor Ort vermutlich **Bernstein** am Strand, wenn auch wohl kaum so schöne Stücke wie die hier im Inselmuseum ausgestellten. Weitere Themen der Ausstellung sind die Inselgeschichte, Naturkundliches, Fischerei und die Entwicklung des Badelebens und der Seenotrettung. Auch die **Schiffsglocke** des vor Spiekeroog gescheiterten Auswandererschiffes »Johanne« hängt hier.

Das neben dem Grabmal auf dem »Drinkeldoden Karkhof« letzte Zeugnis der Katastrophe gelangte erst 1979, 125 Jahre nach dem Unglück, wieder auf die Insel. Man hatte die Glocke nach der Bergung verkauft: Sie kam auf das Festland, wo sie lange Jahre als Schul- und Feuerwehrglocke diente.

- Spiekeroog-Museum, Noorderpad 1, Tel. 04976/91026, geöffnet April bis Oktober, Di–Sa 15.30–17.30 Uhr

Umweltzentrum Wittbülten

Seit März 2006 gibt es das Umweltzentrum Wittbülten auf Spiekeroog. Gelegen unmittelbar an der Hermann-Lietz-Schule, bietet es neben bloßer Information eine Menge Anregungen und Erlebnisse. Das beginnt beim Weg dorthin: Der **Hellerpad** führt durch ein ebenso sensibles wie imposantes Stück Inselwelt, die naturgeschützte Dünenlandschaft. Im Umweltzentrum selbst ist das unter der Decke schwebende Skelett eines Pottwals der erste »Hingucker«. Unmittelbar darunter verlockt ein großes Inselmodell zur Suche nach den eigenen Wegen, die man auf Spiekeroog zurückgelegt hat. Während man noch die Miniatur des eigenen Feriendomizils sucht, spielen die Kinder bereits Windgott und bauen Dünen. Dafür gibt es hier nämlich einen **Glaskasten** mit feinweißem Nordseesand und lenkbarem Luftgebläse. Und das ist bei Weitem nicht der einzige Teil der Ausstellung, bei dem Mitmachen ausdrücklich erwünscht ist. Wem beispielsweise nie so wirklich klar war, warum das Meer in Sachen Ebbe und Flut »nach dem Mond« geht, dem wird nach interaktivem Dreh am »Gezeitenkreisel« ein Licht aufgehen. Lebendige Umwelt bietet man im »Wittbülten« übrigens auch: Mehrere Aquarien simulieren die unterschiedlichen Lebensräume des Wattenmeeres - eine Miesmuschelbank, ein Priel,

eine Salzwiese. In einem Streichelbecken kann man Berührungsängste abbauen und herausfinden: Wie fühlen sich Seestern, Krebs und Co. eigentlich an? Und bevor es auf den Rückweg durch die Dünen geht, ist eine Stärkung im angeschlossenen Café sehr zu empfehlen, wo man - mit nunmehr gestärktem Umweltbewusstsein - leckere Produkte aus kontrolliert ökologischem Anbau genießen kann.

- Umweltzentrum Wittbülten, Hellerpad 2, Tel. 04976/ 910050, www.wittbuelten.de, geöffnet Mitte März bis Anfang November täglich außer Mo 11–17 Uhr, Anfang November bis Mitte März Di und Sa 11–17 Uhr

Landgänge

Esens – »Heimstatt für Kunst und Kultur«

Esens ist mit nur knapp 7000 Einwohnern die kleinste Stadt des ostfriesischen Festlandes. Dennoch ist die Stadt, in deren Bild Tradition und Moderne eine bemerkenswerte Allianz eingehen, einen Ausflug wert.

Esens ist mindestens seit dem 9. Jahrhundert, wahrscheinlich jedoch sehr viel früher besiedelt. Das Stadtrecht erhielt es zu Beginn des 16. Jahrhunderts. Herzstück und Keimzelle des Ortes sind der Markt und der angegliederte **Kirchplatz**. Der jeweils mittwochs und samstags abgehaltene Wochenmarkt hat eine weit zurückreichende Tradition: Bereits für 1321 weist eine Urkunde den Besuch holländischer Kaufleute auf dem Esenser Markt nach.

➢ Der Junker-Balthasar-Brunnen

Die Ostseite des Marktplatzes begrenzt das städtische Rathaus. 1756 finanzierte eine Generalsfrau von Wangelin den Bau des als Witwenstift konzipierten Hauses. Es gilt mit seinen neun Fensterachsen und dem wappengeschmückten Dreiecksgiebel als Höhepunkt früher Barockbaukunst in Esens. 1962 erwarb die Stadt das von Wangelin'sche Witwenstift als **Rathaus**. Das frühere Rathaus steht Am Markt 1. Die »Ratsgaststätte« befindet sich noch immer in dem 1839 erbauten, mit dem Esenser Stadtwappen geschmückten Gebäude. Am Markt 3 steht das wohl älteste Haus der Stadt. Auf seinem Grundstück soll bereits im 15. Jahrhundert Häuptling Wibet von Stedesdorf ein Steinhaus bewohnt haben.

In reizvollem Kontrast zu der historischen Kulisse steht der moderne »Tidebrunnen« auf der Marktplatzfläche. Die beweglichen Metallrohre dieser Konstruktion zeigen den jeweiligen Tidestand an und symbolisieren überdies Bug und Heck eines Schiffswracks. Den 1989 erstellten **»Tidebrunnen«** entwarf derselbe Albert Sous, der auch den umstrittenen Auricher »Sous-Turm« schuf. Beliebtes

Fotomotiv auf dem nördlich an den Markt anschließenden Kirchplatz ist die Bronzestatue des **Esenser Wappenbären**. Bei einer Belagerung der Stadt im 16. Jahrhundert soll einem Wanderzirkus der Tanzbär entwichen sein. Dieser bedrohte die Angreifer von der Stadtmauer aus mit Dachziegeln. Die Belagerer aber hielten die Ziegel für eine Speckseite und zogen entmutigt ab. Denn wenn die Esenser noch so viel zu essen hatten, dass sie einen Bären mit Speck füttern konnten, würden sie der Belagerung noch lange standhalten ... und so hält noch heute der streitbare »Meister Petz« im Esenser Stadtwappen einen Ziegelstein in der Hand – genau wie seine Statue auf dem **Kirchplatz**.

➢ Die St.-Magnus-Kirche

Die St.-Magnus-Kirche entstand 1848–54 auf der alten Warf eines Vorgängerbaus aus dem 12. Jahrhundert. Aus dieser älteren Kirche stammen noch viele Teile der heutigen Ausstattung. So auch der spätgotische Steinsarg des 1473 verstorbenen Ritters Sibo Attena, auf dessen Deckel der gerüstete Recke plastisch nachgebildet ist. Der 54 Meter hohe Kirchturm ist über schmale Holztreppen zu besteigen – eine lohnende Kletterpartie, denn die Aussicht vom Turm über das Harlingerland ist grandios. Zudem ist hier auf mehrere Stockwerke verteilt das sehenswerte Turmmuseum mit Bildern, Dokumenten und Gegenständen zur lokalen Kirchengeschichte untergebracht.

Neben der futuristischen Glaskuppelkonstruktion der Arkaden am Kirchplatz, die einen seltsamen Gegensatz zur altehrwürdigen St.-Magnus-Kirche darstellen, befindet sich das **Holarium** mit einer außergewöhnlichen Sammlung zur Entwicklung der Holografie. Scheinbar frei schwebende Bilder und dreidimensionale Szenerien sind für Besucher jeden Alters eine verblüffende Sensation.

Etwa 300 Meter nördlich des Kirchplatzes, zu erreichen über die Theodor-Thomas-Straße, steht die Peldemühle, Heimstatt des Esenser Heimatmuseums. Die Peldemühle, ein

Museumsstück an sich, ist ein restaurierter Galerieholländer von 1850. Die Exponate der Ausstellung dokumentieren die Geschichte der ganzen Region.

Adressen in Esens:

- Touristeninformation, Kurverwaltung Nordseeheilbad Esens-Bensersiel, Kirchplatz, Tel. 04971/9150, Fax 4988, www.bensersiel.de
- St.-Magnus-Kirche (Turmmuseum), Gemeindehaus am Kirchplatz, Tel. 04971/9197-12
- Holarium, Kirchplatz, Tel. 04971/4392, geöffnet März bis Oktober 10–12 Uhr und 14–18 Uhr sowie nach Vereinbarung
- Museum in der Peldemühle, Walpurgisstraße, Tel. 04971/4731 oder 5232, geöffnet Mitte März bis Ende Oktober Di–So 10–12 Uhr und 14–17 Uhr, Führungen Mi 15 Uhr und nach tel. Vereinbarung

Neuharlingersiel

Das 1962 gegründete Neuharlingersiel gilt als einer der hübschesten ostfriesischen Fischerhäfen. Die kleine Seefahrt mit der Spiekerooger Fähre und ein Spaziergang durch Neuharlingersiel bilden eine gelungene Kombination. Eine besondere Attraktion ist der Besuch des **Buddelschiffmuseums** am Hafen. Die Miniaturmodelle der Schoner, Gaffeln und über 100 Barken schweben mit geblähten Segeln in der zeitlosen Stille ihrer gläsernen Behältnisse – ein faszinierender Anblick.

In der Nachbarschaft des Buddelschiffmuseums befindet sich eine weitere historisch-maritime Sammlung. In der alten **Rettungsstation** sind alte Ausrüstungsgegenstände zur Seenotrettung, Fotos und Reste gestrandeter Schiffe zu sehen.

Adressen in Neuharlingersiel:

- Buddelschiffmuseum, Am Hafen (Westseite), Tel. 04974/224, geöffnet März–Oktober und in den Weihnachtsferien Mi–Mo 10–13 und 14.30–18 Uhr
- Museum für Seenotrettungsgeräte, Am Hafen (Westseite), Tel. 04974/430, geöffnet täglich April–Oktober 9.30–11 und 15–17 Uhr

U 245

Informationen A-Z

Reiseinformationen von A–Z

Die einheitliche Postleitzahl für Spiekeroog ist 26474.

Die Telefon-Vorwahl ist 04976.

Angeln

ist auf Spiekeroog außerhalb des Badestrandes grundsätzlich gestattet.

Anreise

siehe Kapitel »Urlaub ohne Stau«, Seite 10

Apotheke

Haus Pemöller, Süderloog 2, Ecke Wüppspoor, Tel. 597

Arzt

Inselpraxis Spiekeroog, Claudia Lauterjung und Martin Schwarzwälder (Fachärzte für Allgemeinmedizin), Ecke Gartenweg/Noorderpad, Tel. 327

Ausflugsfahrten

Ausflüge zu Nachbarinseln oder zu den Seehundsbänken, Anmeldung und Programm am Fahrkartenschalter im Hafen Spiekeroog, Tel. 9193-133

Auskunft

Nordseebad Spiekeroog GmbH, Kurverwaltung & Schiff-Fahrt, Noorderpad 25, Postfach 1160, Tel. 9193101, Fax 9193213, www.spiekeroog.de, Prospektanforderung: Tel. 0180/5887588

Baden

Das Baden in der Nordsee macht Spaß, doch gilt es – ähnlich wie beim Wattwandern – bestimmte Regeln zu beachten. Es wird gebeten, nur an dem abgegrenzten Badestrand während der offiziellen Badezeiten in der Nordsee zu schwimmen. Badezeiten- und Tidenkalender sind bei der Kurverwaltung erhältlich. Nach Eintritt der Ebbe ist das Schwimmen mit Lebensgefahr verbunden. Dem Sog des Ebbstroms kann selbst ein kräftiger Schwimmer nicht widerstehen. Bei Sturmflut oder extremer Strömung wird selbst die offizielle Badezeit abgesagt, die DLRG-Flagge bleibt in diesem Fall ungehisst

Banken

Sparkasse Leer-Wittmund (Zweigstelle Spiekeroog, EC-Automat), Noorderpad 11, Tel. 912073

Volksbank Esens (Zweigstelle Spiekeroog, EC-Automat), Noorderpad 1, Tel. 377

Postbank in der Postagentur, Süderloog 49, Tel. 706360

Bibliotheken

Vertrauensbibliothek, Neue Evangelische Kirche, An d' nee Kark 1, Öffnungszeiten laut Aushang

Leihbücherei, Gemeindehaus der Neuen Evangelischen Kirche, An d' nee Kark 7, Mo u. Do 15.30–16.30 Uhr

Lesesaal im Haus des Gastes »Kogge«, siehe unten

Bollerwagenverleih

Strandexpress, Noorderpad 3, Tel. 912020

Boller Blitz, Wüppspoor 2, Tel. 590

Buchhandlung

Buchhandlung »Inselzauber«, Norderloog 3, Tel. 706517, www.spiekerooger-inselzauber.de. Hier bilden drei »Disziplinen« eine Einheit: Die wohlsortierte Buchhandlung, eine Boutique und ein Restaurant mit mediterran geprägter Küche

Camping

Zelten ist auf Spiekeroog ausschließlich auf dem Gelände des Zeltplatzes im Südwesten der Insel gestattet. Der Platz ist vom 1.5. bis 15.9. geöffnet. Rechtzeitige Anmeldung ist sinnvoll. Den Zeltplatz-Genehmigungsschein erteilt die Kurverwaltung, Tel. 9193-224. Kurzfristige Buchungswünsche richtet man ebenso an diese Telefonnummer oder an den Zeltplatzwart, Tel. 288. Volle Belegung des Campingplatzes wird bereits durch ein entsprechendes Hinweisschild am Fahrkartenschalter in Neuharlingersiel angezeigt

Deutsches Rotes Kreuz

Rettungsleitstelle Wittmund, Tel. 19222

Drachen

Das Steigenlassen von Drachen und sonstigen Flugkörpern ist aus Sicherheitsgründen im Bereich des Hauptbadestrandes, des Badestrandes am Damenpad sowie im Umkreis von 300 m des Hubschrauberlandeplatzes am Hafen verboten

Fahrplanauskünfte

Auskünfte zu den Abfahrtszeiten von Fähre/Bahn/Bus bekommt man bei der Kurverwaltung, Tel. 9193-101, beim Hafen Spiekeroog, Tel. 9193-133 und beim Hafen Neuharlingersiel, Tel. 04974/214, geöffnet in der Saison Mo–Sa 9–12 Uhr und eine Stunde vor fahrplanmäßigen Abfahrten, an Sonn- u. Feiertagen eine Stunde vor Abfahrt. Sowie auch unter www.spiekeroog.de

Fahrräder

Nach Möglichkeit nicht mit auf die Insel nehmen. Alle Ziele auf der Insel sind gut zu Fuß erreichbar. Es gibt keinen Fahrradverleih auf der Insel, ebenso keine Möglichkeit zum Radwandern. Und auf der Fähre kostet der Transport eines eigenen Fahrrades mehr als das Hin-und-Zurück-Ticket für einen Tagesgast

Führungen

Naturkundliche Wanderungen und historische Dorfführungen werden in der Saison regelmäßig angeboten. Termine hängen in den Schaukästen der Kurverwaltung aus

Fundbüro

Im Rathaus, Westerloog 2, Tel. 9193-301

Galerie- und Künstlerhaus Spiekeroog

Achter d' Diek 3, Service-Tel. 0421-46044440, www.kuenstlerhaus-spiekeroog.de, täglich geöffnet

Garagen Neuharlingersiel

Spiekeroog-Garagen GmbH, 26427 Neuharlingersiel, Cliener Straat 1 und 16, Tel. 04974/284 und 386, Fax 04974/237, www.spiekeroog-garagen.eu. Mietpreise und Anreiseinfo unter Tel. 04974/1263, ab eine Stunde vor Abfahrt und bis eine halbe Stunde nach Ankunft der Linienschiffe

Gepäckbeförderung

übernimmt auf Spiekeroog zwischen Hafen und Ferienunterkunft per Elektrowagen die Spedition Oltmanns, Tel. 215

Geschäfte

Es gibt auf Spiekeroog gute Einkaufsmöglichkeiten. Die Geschäfte sind täglich geöffnet, auch Sonntag vormittags. Außerhalb der Saison Mittwoch nachmittag geschlossen

Haus des Gastes »Kogge«

Noorderpad 18. Kurbeitragskasse, Gästeinformationen, Zimmernachweis, Kurioses Muschelmuseum, Konzerte, Tagungen, Seminare, Ausstellungen, Leseraum, Kegelbahn, Biomaris, Kursangebote in den Sommermonaten. Tel. 9193-101, www.spiekeroog.de, Mo–Fr 9–12.30 Uhr und 14–17 Uhr, Sa/So und Feiertag 9–13 Uhr (kann in der Nebensaison abweichen)

Hermann-Lietz-Schule

Staatlich anerkanntes Internatsgymnasium, Hellerpad 2, Tel. 9100-0, www.hl-schule.de. Eine Führung über das Schulgelände kann telefonisch vereinbart werden

Hotels

Auf Spiekeroog gibt es eine Vielzahl von Unterkünften – vom Pensionszimmer bis zur kompletten Ferienwohnung, vom Hotel garni bis zur Sterneheberge. Bei der Kurverwaltung ist ein komplettes Gastgeberverzeichnis mit den Adressen sämtlicher Vermieter und Kurzbeschreibungen der Unterkünfte erhältlich

Hunde

Müssen auf Spiekeroog an der Leine geführt werden. Eine Freilaufzone gibt es unterhalb der Spundwand am Weststrand. Am Badestrand und auf dem Weg dorthin sowie auf dem Zeltplatz besteht generelles Hundeverbot

Inselbad »Schwimmdock«

Inselbad »Schwimmdock«, Noorderpad 20, Tel. 9193-161, www.spiekeroog.de, täglich außer So und Feiertagen, saisonale Öffnungszeiten

Inselmuseum

Noorderloog 1, Tel. 91026, geöffnet April–Oktober Di–Sa 15.30–17.30 Uhr. Führungen nach Vereinbarung

Kinderspielhaus »Trockendock«

Gegenüber dem Inselbad »Schwimmdock«, Tel. 9193-166. Das ganze Jahr über Angebote im Spiel- und Bastelbereich. Keine Kinderbetreuung

Circus »Tausendtraum«

Gastiert jedes Jahr mehrere Monate von Frühjahr bis Herbst auf Spiekeroog mit wechselnden Angeboten. Bietet Kindern ein vielseitiges Veranstaltungsprogramm. Auskunft erteilt die Kurverwaltung, Tel. 9193-223

Kino

Vorstellungen gibt es während der Saison (März–Oktober) ein- bis dreimal wöchentlich im Kursaal

Kirchen

Alte Inselkirche (ev.-luth.), Süderloog 9, Besichtigungszeiten laut Aushang

Neue Evangelische Kirche, An d' nee Kark 1, tägl. geöffnet, Gottesdienste und Veranstaltungen laut örtlichem Aushang, Vertrauensbibliothek

Katholische Kirche, Up de Höcht 7, tägl. geöffnet, Gottesdienste und Veranstaltungen laut örtlichem Aushang

Kurgarten

Am Gartenweg, ganzjährig geöffnet. In den Sommermonaten finden hier regelmäßig Kurkonzerte statt. Interpreten sind unter anderem Mitglieder des Musikvereins Spiekeroog, bei dem Gastmusiker stets willkommen sind – Interessenten wenden sich bitte an die Kurverwaltung

Kurioses Muschelmuseum

Befindet sich im Haus des Gastes »Kogge«, www.kuriosesMuschelmuseum.de, Öffnungszeiten laut Aushang

Kurmittelhaus

Noorderpad 25, Tel. 9193260, Fax 9193213, kurmittel@spiekeroog.de. Kurzeit ist ganzjährig mit Ausnahme einer zweiwöchigen Betriebspause im Januar

Nordseebad Spiekeroog GmbH, Noorderpad 25, Postfach 1160, 26466 Spiekeroog, Tel. 9193-101, Fax 9193213, www.spiekeroog.de

Minigolf

Beim Kinderspielhaus »Trockendock«

Museums-Pferdebahn

Die Museums-Pferdebahn Spiekeroog verkehrt während der Saison täglich außer samstags zwischen Bahnhof und Westend. In der Regel finden bis zu vier Abfahrten pro Richtung statt, aber man ist, dem gemütlichen Verkehrsmittel angemessen, bei der Fahrplangestaltung flexibel. Fahrzeiten laut Aushang. www.inselbahn.de, www.spiekeroog.de

Notruf

Feuerwehr Tel. 112

Polizei Tel. 110

Polizeiwache, Tranpad 3, Tel. 319

Postagentur, Süderloog 49, Tel. 706360.

Rathaus

Westerloog 2, Tel. 9193-301

Reiten

Islandhof, Up de Höcht 5, Tel. 219, Fax 217, www.islandhof-spiekeroog.de Ausritte und Reitkurse auf Islandpferden, Ferienwohnungen

Reitstall Petschat, Achter d'Diek 13, Tel./Fax 1401. Unterricht, Dressur-, Spring- und Geländereiten, Kutschfahrten

Rosengarten

Am Wüppspoor zwischen Süderloog und Richelweg, ganzjährig geöffnet

Sauna

Eine Sauna befindet sich im Inselbad. Handtücher, Bademäntel und Saunaschuhe können gegen Gebühr entliehen werden. Tel. 9193-161. Die Öffnungszeiten sind saisonabhängig

Schach

Freiluftanlage am Kinderspielhaus »Trockendock«

Schifffahrt

Hafen Spiekeroog, Tel. 9193-133

Hafen Neuharlingersiel, Tel. 04974/214

Segelhafen

Yachthafen im Ostteil des Inselhafens

Segeln

Spiekerooger Segelschule Wolfhart Klasing, Westend 10, Tel. 230, Fax 990001, www.spiekerooger-segelschule.de. Anfängerkurse, Sportbootführerschein, BR-Schein-Praxis, Halbtagstörns, Seemeilenbescheinigung, zwangloses (Mit-) Segeln in kleinen Gruppen auf dem Watt und vor der Insel

Spielplätze

Gibt es am Melksett und im Kurgarten

Strandsport

Ab Mai am Strand oder in der Strandhalle, Termine gemäß örtlichem Aushang oder unter www.spiekeroog.de. Das Sport-Spiel-Gesundheits-Team der Kurverwaltung erreichen Sie auch unter sport@spiekeroog.de

Strandkörbe

Strandkorbvermietung, Kurverwaltung, Tel. 9193-101

Umweltzentrum Wittbülten

Hellerpad 2 (neben der Hermann-Lietz-Schule), Tel. 910050, geöffnet Mitte März bis Anfang November täglich außer Mo. 11.00–17.00 Uhr, Anfang November bis Mitte März Di u. Sa 11–170 Uhr. www.wittbuelten.de

Tennis

Tennisanlage Spiekeroog (neben dem Inselbad), Anmeldung über Tennisschule Ingo Huth. Drei Allwetterplätze, belegt mit quarzsandgefülltem Kunstrasen, nutzbar von April–Oktober

Tennisschule Ingo Huth, Noorderloog 29, Tel. 1474, (von November bis März, Tel./Fax 0511/810213). Kurse für Anfänger, Fortgeschrittene, Leistungs- und Turnierspieler. Mannschaftsunterricht, Gruppen-, Kinder-, Familien- und Seniorenkurse, Einzelstunden

Tischtennis

In der Strandsporthalle.
Auskunft erteilt die Kurverwaltung, Tel. 9193-101

Wattwanderungen

Wattwanderungen ohne Führer sollten keinesfalls unternommen werden (Lebensgefahr!)

Die Termine für Wattwanderungen befinden sich in den Veranstaltungshinweisen der Kurverwaltung. Offizielle Wattführer sind zertifiziert und besonders in ihrem »Heimatrevier« kundig. Auf Spiekeroog sehr aktiv ist Carsten Heithecker, Lütt Slurpad 8, Tel. 651, www.watt-erleben.de

Register